수업에 바로 써먹는 문해력 도구

수업에 바로 써먹는 문해력 도구

1판 5쇄 발행	2025년 9월 15일
지은이	전보라
펴낸이	한기호
책임편집	서정원
편집	박예슬, 송원빈, 이선진
디자인	블랙페퍼디자인
본부장	여문주
마케팅	윤병일, 신세빈
경영지원	김윤아
인쇄	예림인쇄
펴낸곳	(주)학교도서관저널
출판등록	제2009-000231호(2009년 10월 15일)
주소	서울시 마포구 동교로12안길 14 3층
전화	02-322-9677
팩스	02-6918-0818
전자우편	slj9677@gmail.com
홈페이지	www.slj.co.kr

ISBN 978-89-6915-146-9 03370

책값은 뒤표지에 있습니다.

10대의 문해력과 표현력을 높이는 수업 노하우

수업에 바로 써먹는 문해력 도구

전보라 지음

학교도서관저널

서문

교과 학습을 위한 문해력 수업, 그 실천에 대하여

　교과의 맥락 안에서 읽고 쓰며 교과 지식을 익히는 수업을 할 때 학생들은 어려움을 토로한다. 국어 시간이 아닌데 책을 읽는 이유를 모르겠다며 입을 삐죽거리는 학생, 수능 선택 과목이 아니기 때문에 읽고 싶지 않다는 학생, 교과 지식이 부족하여 내용을 이해하지 못하는 학생, 글씨는 읽지만 글을 이해하지 못하는 학생을 만나는 교사들은 학생을 도와주고 싶어한다. 하지만 학생에게 필요한 것을 파악하여 관심을 갖고 지원하는 교사는 여러 난관에 부딪치게 된다.

　"음악 시간에 책을 읽는 이유를 모르겠다며 마음을 열지 않아요."

"독후감과 토론 외에 재미와 의미를 갖춘 문해력 수업의 아이디어가 필요해요."

"수업 진도를 나가기에도 벅찬데, 교과의 맥락 안에서 어떻게 읽고 쓰는 활동을 시작해야 할지 고민입니다."

"교과 내용에 초점을 맞춘 수업만 해봐서 교과 텍스트 읽기 전략을 가르치는 일은 어렵게 느껴집니다."

"대입을 앞둔 고등학교의 현실 속에서 수행평가와 기록으로 연계하는 방법을 모색 중입니다."

교사는 학생들에게 읽고, 생각하며, 표현하는 힘을 키워 주고 싶지만, 막막함이 앞선다. 어떤 교과 텍스트를 읽혀야 할지, 어떤 도구를 제공해야 할지, 어떻게 평가하고 피드백 해야 되는지 고민에 빠지게 된다.

이 책은 교과 시간에 학생들의 문해력을 높일 수 있는 실천적인 방법을 소개한다. 문해력을 글과 말을 다루어 원하는 것을 얻는 '문제해결능력'으로 정의하고, 13가지의 문해력 도구와 14가지의 표현력 도구를 제시한다. 누구나 용기를 내어 실천할 수 있도록 하기 위해 각 도구별로 기본 개념, 유용성, 활용 방법, 교과 적용 사례, 활동지를 담았다.

본문 내용은 크게 세 가지 영역으로 구성했다. 1교시에서는 교과 학습을 위한 문해력 수업의 방향과 실천 방법을 다룬다. 교과 시간에 문해력 수업을 할 때 어떤 부분을 신경 쓰고 준비해야 하는지 5가지로 나눠 정리했다. 읽고 쓰는 시간을 마련하는 방법, 읽기 텍스트를 고르고 확보하는 방법, 교과 학습에 도움이 되는 텍스트를 잘 이해하는 방법, 내적동기를 강화하는 피드백 방법, 평가와 기록으로 연계하는 방법을 구체적으로 제시한다.

2교시에서는 교과의 맥락 안에서 읽고, 찾는 수업을 할 때 도움이 되는 13가지 문해력 도구를 소개한다. 1장 '생각하기 문해력'에서는 텍스트를 읽기 전 생각을 시작하는 방법을 다룬다. 생각의 틀 schema 을 확장하면 더 잘 읽을 수 있기 때문이다. 2장 '읽기 문해력'에서는 흥미와 수준을 고려한 텍스트를 고르는 것에서부터 글을 읽으며 일어나는 생각을 정리하여 내 것으로 만드는 방법을 다룬다. 3장 '찾기 문해력'에서는 교과 학습을 위해 책과 인터넷에서 정보를 찾아 지식으로 만드는 방법을 소개한다. '찾기 문해력' 도구를 활용한 수업은 거짓 정보가 쏟아지는 디지털 세계에서 정보를 가려내고 취하는 힘을 키워 준다.

3교시에서는 말하기, 쓰기, 만들기로 나눠 표현력을 키우는 14가지 도구를 소개한다. 교과 시간에 읽은 것을 글로 쓰고, 사용하고, 나누는 것은 교과 성취기준 도달 및 문해력의 태도를 기를 수 있는 좋은 방법이다. 1장 '말하는 표현력'에서는 문제해결을 위해 읽고, 사고한 것을 말로 정리하는 전략을 소개한다. 학생들은 질문, 토론, 발표, 그룹대화를 통해 정보를 더 가치 있게 만들고 간직할 수 있다. 2장 '쓰기 표현력'에서는 읽고 생각한 것을 쓰기로 완성할 수 있도록 다양한 글쓰기 틀을 제공한다. 실용적인 글쓰기 과정을 통해 학생들의 글쓰기 불안감을 낮출 수 있다. 3장 '만들기 표현력'에서는 읽고 찾은 정보를 능동적으로 이용하여 다양한 형식의 결과물로 만드는 방법을 다룬다. 텍스트의 쓸모를 궁리하는 표현력 활동은 글을 능동적으로 읽게 만든다. 부록으로 교과 학습을 위한 '문해력 수업 설계 틀'을 제공하여 수업 설계에 활용하도록 했다.

지금 교실에서 만나는 학생들을 '스스로 배우며 성장하는 사람'으로 자라도록 돕고 싶고, 학생들에게 의미 있는 교육 경험을 제공하길 원한다면 교과 시간에 문해력 수업을 해보자. 교육학 박사, 초특급 파워 엘리트 교사가 아니어도 실천할 수 있다. 완벽한 수업을 위해 뜸을 들이기보다 과감하게 도전하여 교과와 연계하여 읽고, 쓰기 활동을 하도록 하면 더 잘 읽고, 잘 배우는 학생이 많아질 것이다.

차례

서문 | 교과 학습을 위한 문해력 수업, 그 실천에 대하여 **05**

1교시
교과 학습을 위한 문해력 수업 방향과 실천 방법

교과 학습을 위한 문해력 수업 방향 **15**

교과 학습을 위한 문해력 수업 실천 방법 **19**

수업 시간을 마련하는 방법 **19**

교과 시간에 적절한 텍스트를 고르고 확보하는 방법 **21**

텍스트를 잘 이해하도록 지도하는 방법 **24**

적절한 피드백을 제공하는 방법 **28**

평가와 기록으로 연계하는 방법 **30**

2교시
교과 학습을 위한 문해력 도구

아이디어를 형성하는 생각하기 문해력 **37**

말하며 교과 배경지식을 떠올려요: 브레인스토밍 **38**

교과 주제 관련 글감을 찾아요: 브레인라이팅 **46**

학습 주제 구체화를 통해 아이디어를 만들어요: 개념도 **53**

○○으로 시작하는 말로 교과 어휘력을 높여요: 닿소리표 **60**

배움의 변화를 경험하는 읽기 문해력 68

교과 시간에 스스로 읽을 책을 골라요: 북매치 68

정보 텍스트를 읽고 요약해요: KWL 78

읽기 과정을 한눈에 들어오게 정리해요: 그래픽 조직자 85

이야기 구조를 파악해요: 이야기별 그리기 95

교과 핵심어를 중심으로 읽어요: 열 개의 핵심어 103

자료를 줍줍할 때 정보를 찾는 문해력 111

교과 주제를 공부할 수 있는 책을 찾아요: 책 찾기 112

찾은 정보를 지혜롭게 기록하고 관리해요: 정보분석지 118

웹사이트를 읽으며 정보를 평가해요: CRAAP로 질문하기 124

정보에도 주인이 있어요: 표절 예방을 위한 출처 표시 132

3교시

교과 학습을 위한 표현력 도구

인싸의 잘 듣고 잘 말하는 표현력 143

질문으로 책을 바라보는 관점을 길러요: QAR 전략 144

낙서로 누구나 부담 없이 참여해요: 월드카페 대화 150

학습한 내용을 설명하고 나눠요: 주제 중심 발표 163

내용을 정리하며 더 깊게 이해해요: 그룹으로 마인드맵 만들기 174

생각을 내보이고 설득하는 힘을 키우는 쓰기 표현력 179

학교 밖 세상에서 가장 쓰임 있는 글을 써요: 보고서 쓰기 181

몰아 쓰기를 방지하는 메모를 해요: 참고문헌카드 190

위키백과 편집을 통해 집단지성을 경험해요: 위키백과 글쓰기 197

독후감이 지겹다면 책으로 자신을 비춰요: 독서 리플렉션 페이퍼 206

학습을 마치며 배움의 과정을 돌아봐요: 자기 성찰 평가서 쓰기 214

읽은 것을 나의 지식으로 만드는 만들기 표현력 221

나만의 뜻풀이로 덕질의 끝을 경험해요: 사전 만들기 222

형식에 얽매이지 않는 자유로운 글을 써요: 잡지 만들기 232

심리적 부담을 낮춰 실현 가능성이 높은 글을 써요: 미니북 만들기 243

저자가 되어 빛나는 삶을 위한 글을 써요: 책 만들기 249

한눈에 쏙쏙 들어오게 홍보하는 글을 써요: 리플릿 만들기 259

부록1 | 찾으면 다 안 나오니까 배우는 다양한 검색 꿀팁 271

부록2 | 교과 수업에 문해력 도구를 통합적으로 적용하는 방법 273

부록3 | 문해력 수업을 사서교사와 공동으로 설계 및 진행하는 방법 276

참고문헌 279

1교시

교과 학습을 위한
문해력 수업 방향과 실천 방법

교과 학습을 위한 문해력 수업 방향

교과 시간에 교과서를 벗어나 책을 읽는 것은 자연스러운 일이 되었다. 교사들은 교과의 맥락 안에서 학생들의 읽고 쓰는 역량을 키워 주고 싶지만 어떻게 할지 막막하다. 어떤 부분을 신경 써서 준비해야 하고, 어떤 이점을 챙겨야 하는지 고민스럽다. 교과 학습의 성취를 높이기 위한 문해력 수업의 방향을 정리하면 다음과 같다.

첫째, 교과 성취기준에 중심을 둔다
교과 관련 지식과 개념 이해(교육과정 속 성취기준)에 중점을 두고 학습을 위한 읽기와 쓰기, 말하기, 만들기로 나아간다. 학생들은 교과 시간에 읽고 쓰는 다양한 언어활동을 통해 교과 개념을 토대로 사고를 확장시킬 수 있다.

성취기준(교과지식)	지식의 활용	효과
[12음02-03]다양한 시대의 음악을 듣고 역사·문화적 배경과 관련지어 음악의 특징을 비교하여 설명한다.	서양음악사 텍스트를 읽고, 위키백과 글쓰기	성취기준 도달, 문해력 및 표현력 향상

둘째, 모든 교사가 교과 학습을 위한 문해력 지도를 담당한다

모든 교과에서 학생들이 읽고 쓰는 일에 관심을 가져야 하는 이유는 교과마다 특수하게 쓰이는 상징과 기호, 텍스트의 구조, 어휘가 다르기 때문이다. 과학교사는 과학적 사실과 의견을 구분하며 읽기, 과학 용어에 대한 부연 설명, 과학의 논리구조(논증과 비교, 인과관계)를 갖춘 텍스트 읽기를 지도하여 학생들의 과학적 사유능력을 향상시킨다. 역사교사는 사건의 발생 시기 및 전개 과정과 의미, 사건 판단을 위한 사료 읽기, 사료를 통해 의미를 재구성하는 방법을 가르쳐 학생들이 역사적으로 읽고 사고하도록 돕는다. 각 학문별 영역에서 필요한 사유능력을 갖출 수 있도록 모든 교과에서 문해력을 지도하는 것이 필요하다.

셋째, 학생들의 문해력 수준에 대한 이해가 우선이다

학생들이 읽기에 있어 가장 큰 변화를 겪고 어려움을 느끼는 시기는 언제일까? 바로 중학교 시기이다. 중학교에 입학하면 각 전공별 교사에게 수업을 듣고, 갈래별 글 읽기 disciplinary literacies 를 본격적으로 시작한다.[1] 이때 읽기 자료의 양이 증가하고 난이도가 높아진다. 초등학교를 졸업했다고 해서 어려운 텍스트를 척척 읽어내는 능력이 저절로 생기는 것이 아니기 때문에, 교과의 맥락 안에서 텍스트를 읽고 활용하는 방법에 대한 지도가 필요하다. 학생 스스로 읽고, 표현하는 능력을 갖추기를 기다리지 말고, 학생이 체계적으로 읽을 수 있게 많은 부분을 교과 시간에 가르쳐야 한다.

넷째, 교과 학습을 위한 문해력 도구와 연습 기회를 제공한다

교과 텍스트를 제대로 읽으려면, 교과 텍스트의 복잡한 구조와 전문 용어를 이해하는 연습이 필요하다. 짧은 시간 안에 어려운 텍스트를 읽어야 하는 학생들이 다양한 사고 과정을 동원하여 읽기 전략을 사용할 수 있도록 도와야 한다. 새로운 정보 이해를 위해 기존 지식을 활용하기, 읽기 전·중·후로 텍스트에 관해 질문하기, 텍스트를 읽고 무엇이 중요한지 판단하기, 정보를 종합하여 독창적인 생각 끌어내기를 목적으로 하는 문해력, 표현력 도구를 제공한다. 교사가 도구를 제시하고, 활용 방법에 대해 설명하는 것에서 수업이 그친다면 배움이 일어나지 않을 것이다. 학생들에게 교과의 맥락 안에서 문해력 도구를 적용하고 경험할 기회를 줘야 학생들이 교과 학습을 더 잘할 수 있다.

다섯째, 문제 해결 리터러시를 향상시키는 방향으로 나아간다

교과목에서 다루는 텍스트를 이해하고 분석했다면 이를 활용하여 쓰고, 어떤 결과물을 만드는 것까지 나아가야 한다. 음악 교과에서 학생들이 '서양음악사' 학습을 위해 다양한 시대 음악의 역사 문화적 배경과 음악의 특징에 대해 텍스트를 읽고 학습했다면, 여기에 자신의 감상을 버무려 서양음악사 사전을 만들게 한다. 학생들이 지식을 알게 된다면, 그것을 실제로 쓸 수 있는 결과물로 만들어 공개할 기회를 제공한다. 이렇게 하는 이유는 세상의 복잡하고 가치 있는 문제는 무언가를 읽고 아는 것만으로는 해결되지 않기 때문이다. 쓰고 만들어 사람들과 공유하는 활동을 통해 문제 해결이 가능하다. 그러므로 교과지식을 알게 하는 것에서 그치지 말고, 이를 활용하여 결과물을 만드는 것까지 나아갈 수 있도록 지도한다.

교과명	무엇을 알 수 있는가	무엇을 새롭게 만들어내는가
영어권 문화	영어권 국가의 생활 방식, 사고방식, 문화	영어권 국가 가이드 잡지
한국지리	지역의 의미와 지역 구분 기준의 다양성	지역 홍보 리플릿

교과 학습을 위한 문해력 수업 실천 방법

수업의 방향을 설정하고, 교과 시간에 수업을 하다 보면 여러 어려움을 겪게 된다. 교과 학습을 위한 문해력 수업의 어려움을 어떻게 해결해 나가며 수업을 실천할 수 있는지 알아보자.

수업 시간을 마련하는 방법

수업 시간이 부족하다면 교육과정 재구성하기

내용교과에서 문해력 수업을 한다고 할 때 가장 먼저 겪게 되는 어려움은 수업 시간을 마련하는 일이다. 중·고등학교의 경우, 1년에 4번 지필고사를 치르고, 지필고사 전에 일주일씩 자습을 하는 독특한 전통이 있어서 진도를 나가기에 늘 시간이 부족하다. 수업 시간 문제는 교육과정 재구성을 통해 해결할 수 있다. 과학 수업에서 '생명공학'에 대해 가르친다면 교과서에 나온 활동 대신 생명공학에 관한 글을 읽도록 한다. 학생들이 텍스트를 읽기 전에 궁금한 점을 쓰고, 이에 대한 답을 찾아 KWL로 요약하는 문해력 수업으로 수업을 재구성할 수 있다. 이렇게 하면 시간을 아낄 수 있다.

부담 없이 진행하려면 1~2차시로 수업하기

처음 하는 문해력 수업을 쉽고 부담 없이 진행하려면 1~2차시로 구성한다. 이처럼 짧은 호흡의 수업을 할 경우, 결과물을 만들어 표현하기까지 하기에는 시간이 부족하다. 그러니 뒷장에서 소개하는 '문해력을 높이는 수업 방법' 중에서 교과 주제에 맞는 방법을 골라 읽고, 찾기에 중심을 둔 수업을 설계한다. 교과 텍스트를 읽기 전 브레인스토밍, 닿소리표 채우기를 통해 배경지식을 활성화하기, KWL 차트로 읽기 전후의 배움을 확인하기 등을 해볼 수 있다. 짧은 시간 동안 한 권의 책을 끝까지 읽을 수 없을 때는 발췌독을 한다. 고전 읽기 교과에서 불평등 구조를 다룬 비문학을 읽는다면, 발췌독 후 '열 개의 중요 단어 찾기' 활동을 2차시로 진행할 수 있다. 텍스트를 읽으며 핵심어를 파악하고, 핵심어를 활용해 한 문장으로 글을 요약하는 것이다. 문해력 수업에 첫발을 떼는 선생님이라면 우선 간단한 방법을 시도한 후 3차시 이상의 깊이 있는 방법으로 나아가는 것을 추천한다.

교과 시간에 적절한 텍스트를 고르고 확보하는 방법

다양한 수준의 학생들을 고려한 책 선정 방법

학생들은 학습 주제에 대한 관심, 동기, 배경지식, 사전경험이 다르다. 개개인의 특성과 기호가 다른데 한 주제에 대해 한 책만 읽게 한다면 누군가에게는 괴로운 공부가 될 수 있다. 최대한 많은 학생을 참여하게 하려면 쉬운 책, 보통 책, 난이도가 있는 책으로 나눠서 준비한다. 난이도가 있는 책은 학습 주제에 관심이 높은 학생, 보통 책은 평범한 학생, 쉬운 책은 수업시간에 무기력하거나 문해력이 낮은 학생을 위한 것이다.

주제도서 목록을 빠르게 만드는 방법

교과교사가 특정 주제로 책 읽기 수업을 할 때, 그 주제에 관한 책 목록을 빠르게 만들어야 하는 상황이 생긴다. 학급운영, 다교과 지도, 행정업무까지 몰려 있는 시점에서 하루 종일 교무실에 앉아 책 목록만 작성할 수 없는 노릇이다. 학생들의 흥미를 놓치지 않으면서도 효율적으로 주제별 도서를 선성할 수 있는 방법이 있다.

첫째, 학교도서관 홈페이지에 접속하여 찾고자 하는 교과 주제 키워드로 검색한다. 해당 도서의 위치를 확인하고 서가로 이동하여, 찾기를 원하는 도서와 같은 번호에 분류된 책들을 살펴본다. 동일한 주제로 확인된 책들은 주제별 책 바구니에 옮긴다. 각각의 책 바구니에 10~15권씩 담는다. 주제 관련 도서를 책 바구니로 제공하면 학생들에게 책을 직접 찾게 하는 것보다 텍스트 읽는 시간을 더 줄 수 있다. 교실 교탁 위에 책 바구니를 올려 두고 관심 도서를 골라 읽게 하면 별도의 책 목록을 만들지 않아도 된다.

둘째, 학교도서관에 교과 주제 관련 자료가 부족한 경우 국립중앙도서관(www.nl.go.kr)의 [신청·참여]에서 '사서에게 물어보세요'를 활용한다. '사서에게 물어보세요'는 1:1 맞춤 무료 서비스로 교과 주제에 맞는 책, 논문, 뉴스 기사, 동영상 등의 목록을 제공한다. 단, 교과 주제 관련 자료 목록을 실시간으로 만들어 주지 않으며, 보통 질문을 남기면 일주일 내에 자료 목록을 받을 수 있다. 해당 도서를 구입하는 시간도 필요하므로 수업을 미리 계획하고 여유 있게 질문을 남기는 것이 좋다.

자료를 확보하는 방법

한 권의 책을 한 학급 전체 학생에게 읽게 하거나 모둠별로 동일한 도서를 읽게 하는 경우, 복본이 필요하므로 12월에 자료 구입을 위한 교과 예산을 확보한다. 교과 예산을 세우지 못한 경우, 학교도서관의 자료를 활용한다. 2, 3월에 교과 수업 및 평가계획을 세우고 사서교사에게 해당 교과 도서 지원이 가능한지 문의하는 것이 좋다. 만약 학교도서관의 자료도 부족하게 느껴진다면, 공공도서관에 단체대출을 신청하여 읽기 자료를 확보할 수 있다.

인터넷 참고 자료 제시하기

온라인상에서 읽기 자료를 찾고, 읽게 되는 일이 과거보다 많아졌다. 문해력의 개념이 확장되었기 때문에 교과 시간에 인터넷 읽는 방법을 알려 주는 지혜가 필요하다. 학생들에게 인터넷 참고 자료를 제시하거나 활용하게 할 때 유의할 점은 다음과 같다.

첫째, 한 주제에 대해 여러 문서를 찾아 읽고, 교차 검토하여 자료의 신뢰성을 스스로 높이도록 한다. 인터넷에서 주제 관련 자료를 찾아 읽는다면, 동일한 주제의 도서를 찾아 읽고 인터넷 정보가 정확한지 확인하게 한다. 만약 책에서 다루지 않는 최신 주제라면 인터넷에서 여러 문서를 찾아 읽고, 비교 및 분석하도록 한다.

둘째, 한 주제에 대해 다양한 관점의 글을 찾아 읽도록 한다. 인터넷은 무서울 정도로 우리의 관심사와 관련된 광고, 기사 등을 수시로 보여 주고, 알고리즘과 필터 버블로 인해 내 취향이나 가치관과 일치하는 자료 위주로 읽게 된다는 점을 알려 준다. 그리고 나와 다른 관점을 다루는 불편한 글도 읽어야 타인의 삶을 이해할 수 있음을 설명한다. 토론을 할 때 어느 입장이든 반대의 입장을 알아야 상대를 설득할 수 있기 때문에 학생들에게 의식적으로 불편한 글을 읽고 다른 입장의 사람들 처지도 생각하게 한다.

텍스트를 잘 이해하도록 지도하는 방법

무엇을 배우고 싶다는 마음이 들도록 목적 안내하기

교과 학습을 위해 읽고, 쓰기 수업을 할 때 몇몇 학생들은 "꼭 해야 하나요? 안 하면 안 돼요?"라며 하기 싫어 몸을 꼬면서 묻고는 한다. 학습에 대한 마음을 비운 학생의 마음을 열려면 어떻게 해야 할까? 학생들의 능동적인 참여를 유도하며, 학생들에게 교과 텍스트를 읽게 하려면 활동의 취지와 목적 안내가 선행되어야 한다. 시간이 없다고 수업의 취지와 목적을 안내하는 과정을 생략하면 학생들의 참여와 적극성을 이끌어 낼 수 없다. 교과 학습을 위한 문해력 도구를 사용하는 것보다 공부하고자 하는 마음을 갖게 하는 것이 우선이다. 미술 시간이라면 '예술가의 방'을 만들기 전에 예술가의 삶을 다룬 텍스트를 왜 읽어야 하는지에 대한 설명이 필요하다. 충분한 안내가 없다면 학생들은 "미술 시간에 그림은 안 그리고 왜 책을 읽어요?"와 같은 질문을 쏟아내며, 학습에 적극적으로 참여하지 않게 된다.

배움에 필요한 교과지식 제공하기

내용교과 관련 읽기가 어려운 이유는 교과지식이 부족하기 때문이다. 교과지식이 없으면 글을 제대로 이해할 수 없으므로, 주제 배경지식을 늘리는 교과 어휘 활동으로 수업을 시작하는 것이 좋

중국문화 닿소리표					
ㄱ/ㄲ 금자탑	ㄴ 남존여비	ㄷ/ㄸ 다도	ㄹ 루쉰 랴오닝성	ㅁ 마오쩌둥 미디어검열	
ㅂ/ㅃ 베이징	ㅅ/ㅆ 소수민족 샤오미 성씨개혁	**중국문화**	ㅇ 여성교육 여성해방운동 위구르	ㅈ/ㅉ 전족 중화인민공화국	
ㅊ 치파오	ㅋ 쿤밍	ㅌ 타이완	ㅍ 판다	ㅎ 한족	

다. 핵심어에 대해 알고 있던 것을 꺼내 생각하게 하면 학생들은 더 잘 읽고, 더 잘 배울 수 있게 된다. 중국어 시간에 학생들이 '중국문화'를 학습한다면 읽기 전 '닿소리표' 채우기를 한다. 모둠별로 닿소리표를 채우며, 중심 단어에 동그라미 표시를 하도록 한다. 이 과정에서 학생들은 교과 어휘를 관찰하면서 교과지식을 쌓을 수 있다.

배움의 변화를 확인할 수 있는 도구와 틀 제공하기

교과 시간에 복잡하고, 모르는 분야의 글을 읽고 이해하는 것은 힘들고 어려운 일이다. 포기하지 않고, 끝까지 과정을 밟아 나가게 하려면 학생들에게 읽기 전·후, 수업 전·후의 변화를 확인할 수 있는 도구를 제공하는 것이 좋다. 배움의 변화를 확인할 수 있는 틀

중에서 가장 간단하며 유용한 도구가 KWL이다. W에서 질문을 만들어 목적을 설정하고, L에서 배운 것을 쓰게 하기 때문에 학습 전·후를 비교하여 배운 것을 확인하기에 용이하다.[2] 수업 전 나의 배경지식을 쓰고, 새롭게 배운 것은 무엇이고 생각이 어떻게 바뀌었는지 확인하는 활동은 글을 읽는 것의 쓸모를 느끼게 해준다. 과학 시간에 생명공학을 공부하기 위해 '복제의 윤리성' 관련 도서를 찾아 읽는다면 다음과 같이 KWL 차트를 작성할 수 있다.

탐구 주제: 복제의 윤리성		
K 이미 알고 있는 것	W 알기를 원하는 것	L 새롭게 알게 된 것
개구리와 생쥐, 양 등 동물복제에 성공했다. 자보스가 인간 배아 복제에 성공했다고 주장했다.	과학자들이 인간 복제를 통해 이루고자 하는 것은?	과학자들은 인간 복제를 통해 한 인간에서 추출한 세포를 이용해 다른 인간을 완벽히 똑같이 복제하려 한다. 또 환자 개개인의 특성을 그대로 가진 줄기세포를 써서 새로운 장기를 복제하고 질병 치료에 이용하려 한다.

글의 정보와 학생의 이해를 시각적으로 정리 및 표현하게 하기

머릿속에서 일어나는 읽기의 과정은 눈에 보이지 않는다. 학생들은 텍스트를 읽으며 끊임없이 자신이 제대로 읽고 있는지 확인하고 싶어 한다. 학생들에게 텍스트의 정보와 자신이 이해한 것을 구조화할 기회와 도구를 제공하면 시각화가 가능하다. 가장 대표적인 도구가 '그래픽 조직자Graphic organizer'이다. 개념과 개념 사이의 위계적 관계를 정리하는 과정을 통해 중요한 것과 부수적인 내용을 구분하는 눈을 갖게 된다. 영어 시간에 '다문화주의Multiculturalism' 학습을 위해 Melting pot과 Salad bowl을 다루는 글을 읽었다면 'T자형 그래픽 조직자'를 활용하여 차이점을 분석할 수 있다.

Melting pot	Salad bowl
· 동화주의 · 자신의 문화를 포기하고 주류 문화로 편입 · 공통 문화 형성 및 사회통합의 장점 · 각 문화의 다양성과 고유성을 인정하지 않음	· 다문화주의 · 다양한 문화가 대등하게 공존 · 각 문화의 고유성, 다양성 인정 · 사회연대감 및 결속력 약화

적절한 피드백을 제공하는 방법

학생이 읽고 쓰는 과정 중에 교사가 적절한 피드백을 제공하면, 학습을 즐기고자 하는 내적 동기를 자극할 수 있다. 학생들의 성장을 도울 수 있는 구체적인 피드백 방법[3]은 다음과 같다.

과제 수행에 대한 노력을 존중하기

교과 시간에 읽고, 쓰기 활동을 하다 보면 읽기·찾기·쓰기 전략을 잘못 쓰는 학생들이 있다. 학생들은 고심하여 책을 고르고, 제대로 읽어 보려고 노력하지만, 뜻대로 되지 않아 속상해한다. 학생들이 이런 순간에 어떠한 피드백을 듣고 싶어 할까? 학생들은 자신의 노력을 존중하는 말을 듣고 싶어할 것이다.

"어려운 과제였는데, 노력을 많이 했구나."

"그래. 바로 그거야. 정말 열심히 읽고 표현한 것이 눈에 보여."

학생의 노력을 격려하거나 책임을 가지게 하는 교사의 메시지는 학생에게 읽고 쓸 에너지를 준다.

구체적으로 피드백하기

학생이 잘한 점은 구체적으로 칭찬한다. 예를 들어 "넌 능동적인 독자야."보다 "넌 단어와 단어의 의미를 이해하며 내용을 구조화하여 읽었구나."라고 말하면서 무엇을 잘했는지 구체적으로 알려 주는 것이 좋다. 단, 오류나 고칠 점이 많아도 1~2가지에 집중해야 한다.4) 학생이 개선을 위해 무엇을 해야 할지 알 수 있을 정도로만 언급한다. 고칠 점을 모두 알려 주면 학생들은 배움의 문을 닫아 버린다.

과제 수행에 대한 과정 및 방법 설명하기

학생이 문제 해결을 위해 어떠한 전략과 방법을 사용했는지 정보를 담아 말한다. "너 오늘 책을 잘 읽었어."보다는 "이야기의 핵심 요소를 파악하여 이야기 구조를 잘 파악했어." "참고문헌카드를 활용해 핵심어를 탐색하고, 요약을 잘했어."라고 말하는 것이 적절하다. 그러면 학생들이 자신의 어떠한 노력이 특정한 수행을 낳게 되었는지 알게 되어 자연스럽게 '학습 방법'도 배울 수 있다.

과제 수행 내용을 포함하기

학생의 수행과 학습 목표의 성공 기준을 비교하며 피드백에 수행 내용을 포함한다.5) "구체적인 설명을 충분히 제시했구나. 디도스 DDOS 예방을 위해 어떠한 소프트웨어를 설치해야 하는지 3가지로 잘 정리했어." "기후변화에 관한 글을 읽고 지구온난화가 생물다양성에 끼치는 영향을 5가지로 잘 이야기했어."처럼 명확한 기준에 대한 피드백을 주면 학생들이 더 현명하게 공부할 수 있다.

평가와 기록으로 연계하는 방법

교과의 특성에 맞춰 다양한 형식으로 평가 진행하기

교과 학습을 위한 문해력 수업의 평가 방법은 국어 교과와 다르다. 교과 주제 관련 글을 읽고 문해력 수업을 했다면 교과 내용을 이해하여 텍스트를 제대로 읽었는지 평가해야 한다.[6] 경제 시간에 '소셜벤처'에 대해 다룰 때 관련 도서 『젊은 소셜벤처에게 묻다』를 읽었다면, 경제 교과와의 연계를 고려해 소셜벤처의 특징, 소셜벤처와 사회적 기업의 차이점을 아는 것에 평가의 초점을 맞춘다.

교과 시간에 다양한 텍스트를 읽고 쓴 후 평가할 때 구체적인 루브릭을 제시하는 방법도 있다. 학생들에게 수업의 출발점에서 루브릭을 배부하고, 과정 중간에 루브릭을 확인하면서 점검하게 하면 높은 성취기준에 도달할 가능성이 높아진다. 음악 시간에 서양음악사 사전 편찬하기 과제를 안내할 때 배부한 루브릭은 다음과 같다.

서양음악사 사전 편찬하기
-시대별 음악 배경 및 문화적 특징을 알고 감상이 드러나는 뜻풀이 쓰기-

평가요소	성취수준		
	A 매우 뛰어남	B 달성함	C 힘을 내
내용	선정한 음악 사조를 중심으로 역사, 문화적 배경을 이해하여 맥락에 맞게, 구체적으로 음악의 특징을 설명 및 소개한다.	선정한 음악 사조를 중심으로 역사, 문화적 배경과 관련지어 음악의 특징을 설명 및 소개한다.	선정한 음악 사조를 중심으로 역사, 문화적 배경과 관련 짓지 못했으며, 음악의 특징 설명 및 소개가 제한적이다.

감상	조사한 내용을 토대로 선정한 음악 사조의 음악을 감상한 후 자신의 느낌을 독창적인 해석, 의견을 담아 설명한다.	조사한 내용을 토대로 선정한 음악 사조의 음악을 감상한 후 자신의 느낌과 해석을 설명한다.	조사한 내용을 토대로 관련 음악을 선정하지 못하였으며, 자신의 느낌과 해석에 대한 설명이 미흡하다.
사전 활용	다양한 자료에서 음악의 특징을 찾아, 조사·감상·해석한 내용을 구체적으로 사전에 기술하고, 참여형 백과사전에 출처를 밝히고, 내용 추가 또는 편집에 참가한다.	여러 자료에서 음악의 특징을 찾아, 조사·감상 내용을 사전에 기술하고, 참여형 백과사전에 자신이 전달하는 의미를 담아 기재하지만, 출처를 밝히지 않고 편집이 이루어진다.	몇 개의 자료에서 내용을 선정하고, 선정한 음악 사조와 관련 없는 내용을 포함하며, 참여형 백과사전의 편집 분량이 너무 적어 전달하려는 의미를 충분하게 전달하지 못한다.

수행평가로 실시하면 학생들의 참여를 끌어내기 더 쉬워진다. 영어권 문화 교과에서 영어권 6개 국가 가이드 잡지 만들기 수업을 했을 때 수행 채점 기준은 다음과 같다.

과제 완성도는 글의 내용을 얼마나 잘 이해하고 표현했는지, 정보 활용 부분은 자료수집과 정보윤리 요소를 고려해 찾기 문해력을 평가하고자 했다. 학생들이 다양한 정보원을 활용해 정보를 찾고 분석하기를 기대한다면 '정보원 활용'을 수행 채점 기준에 넣어 과제 안내 시 강조한다.

영어권 문화 가이드 잡지 만들기
-영어권 문화의 지식을 읽고 소화하여 가이드 잡지 형식으로 표현하기-

	수행수준(채점 기준)	배점
과제 완성도 (10)	선정한 주제를 중심으로 영어권 문화를 구체적으로 소개하였고, 매우 창의적이고 참신한 시각적 자료로 표현하였으며, 언어 형식 및 표현이 다양하고 정보를 알맞게 활용하여 소책자 구성 및 내용이 매우 우수함	10점
	선정한 주제를 중심으로 영어권 문화를 구체적으로 소개하였고, 다양한 시각적 자료를 포함하였으며, 다소 제한적인 언어 형식 및 표현, 문법의 사용으로 소책자 구성 및 내용이 우수함	8점
	선정한 주제를 중심으로 영어권 문화를 소개하였으나 내용이 제한적이며, 문화적 요소를 시각적 자료로 표현하기 위해 노력하였으며, 다소 제한적인 언어 형식 및 문법을 사용하여 소책자 구성에 노력을 보임	6점
	선정한 주제를 중심으로 주어진 정보를 활용하여 영어권 문화를 제한적으로 소개하였으며 시각적 요소를 포함하였으나, 소책자 구성 및 내용이 다소 미흡함	4점
정보 활용 (5)	책, 논문, 학술기사 등 다양한 정보원을 활용하여 자료를 수집하고, 찾은 정보에 새로운 아이디어를 더해 자신의 언어로 작성하였으며, 양식에 맞춰 출처를 정확히 기재함	5점
	책, 논문, 학술기사 중 일부 정보원을 활용하여 자료를 수집하고, 찾은 정보를 옮겨 적었으며, 출처의 서지사항을 일부 기록함	4점
	한 가지의 정보원을 활용해 자료를 수집하고, 찾은 정보를 나열하였으며, 출처를 기재하지 않음	3점

학생이 보인 변화를 학교생활기록부에 기록하기

학생들이 교과 시간에 텍스트를 읽고 쓰며 보인 변화를 관찰하여 학교생활기록부 교과세부능력 특기사항에 기재한다. 수행평가로 진행하지 않는 활동의 경우, 학생들의 능동적 참여를 유도하는 것이 어렵기 때문에 생활기록부와의 연결은 필요하다. "위키백과 편집을 통한 서양음악사 학습은 집단지성을 경험하게 하고, 음악 감상을 더 잘하게 한다."라고 의미를 담아 설명할 때 학습 동기가 유발되는 학생도 있지만, 그렇지 않은 학생도 있다. 활동이 끝날 때 학생들에게 모둠 안에서 어떠한 기여를 했고, 무엇을 배웠으며, 신장된 능력이 무엇인지에 대해 회고록 또는 소감문을 쓰게 한다. 그 내용을 참고하여 학기말에 학교생활기록부에 기록한다. 교사를 믿고 따라와 준 학생에게 답하는 마음으로, 입시에 불이익을 겪지 않게 학생의 성취수준, 수행과정 및 결과, 역량, 교사 총평을 공들여 쓴다.

교과명	활동명	교과세부능력 특기사항
한국지리	지역 홍보 리플릿 제작	평소 자신이 살고 있는 지역에 대한 관심이 높고 지리적 특징을 적극적으로 파악하고자 노력하는 학생임. 우리나라 지역 이해 단원을 학습한 후 평소 관심을 갖고 있던 부산광역시의 위치, 지형, 특산물, 관광지, 축제 등의 지역 특성을 조사하고 부산 지역을 홍보하기 위한 리플릿을 인터넷 디자인 플랫폼을 이용하여 제작함. 특히 부산 지역의 숨겨진 관광지와 맛집을 다양한 사진 자료를 곁들여 소개하는 등 리플릿의 내용과 구성이 뛰어나 좋은 평가를 받음.

영어권 문화	영어 가이드 잡지 제작	모둠별 영미권 여행 가이드북 제작 프로젝트에서 캐나다 테마별 여행을 주제로 가이드북을 제작함. 책과 학술 기사의 정보를 종합하여 각 견학지의 역사를 포함한 내용이 알찬 가이드북을 제작함. 캐나다에 관한 이해를 바탕으로 독자의 취향에 맞게 테마별로 여행 및 일정을 계획한 것이 눈에 띄며 발표할 때 팀원끼리 협력함.
심화 영어	주제심화탐구 Research Project	주제 탐구 발표 수행평가 활동에서 러시아의 우크라이나 침공을 주제로 관련 도서와 논문 등을 찾는 탐구 활동을 하고, 인플레이션을 비롯하여 러시아와 우크라이나 전쟁으로 유발된 전 세계의 경제적 문제에 관해 PPT 자료로 정리한 뒤 영어로 발표함. 관련 자료를 찾기 위해 유료 외국 잡지를 여럿 구매하여 탐독하는 등 주제 탐구 활동에 굉장한 열의를 보였으며, 각종 도표 자료를 효과적으로 활용하여 현재 경제 상황을 이해하기 쉽게 설명함.
음악	서양음악사 사전 편찬	서양음악사 학습을 위해 '바로크 음악'을 주제로 아코디언 북 형태의 사전을 만들어 전시함. 특히, 서양음악사 사전 제작을 위해 책과 웹사전을 읽고, 바흐의 음악 감상평을 덧붙여 사전 뜻풀이를 작성한 점이 인상적임. 음악적 정보 및 자료에 내재된 의미를 올바르게 파악하고, 자신이 학습하고 경험한 음악 정보를 융합적으로 활용하는 역량을 발휘함.
경제	소셜벤처 제안서 쓰기	사회문제 해결을 위한 창의적인 비즈니스 모델로, 사회적 가치와 함께 경제적 수익을 창출하는 소셜벤처의 제안서를 작성함. '취약계층 및 교육용 키오스크 프로그램 개발과 교육 사업'을 주제로 장애인과 노인 등 사회 취약 계층이 사용하기 어려운 키오스크 문제에 대해 글씨 확대와 이미지 단순화 및 이용 방법 교육 사업을 추진하는 방향으로 접근하여 해결 방안을 제시함.

2교시

교과 학습을 위한 문해력 도구

아이디어를 형성하는 생각하기 문해력

'독서'란 독자가 텍스트와 상호작용하여 의미를 구성하는 과정이다. 그렇다면 학생이 텍스트와 상호작용하도록 도울 수 있는 가장 좋은 방법은 무엇일까? 학생과 텍스트 사이에 교집합이 있음을 보여 주는 것이다. 사전경험과 배경지식을 떠올릴 수 있는 도구를 제공하여 아이디어 형성 활동을 하면 학생들은 텍스트와 자신의 연결점을 찾을 수 있다. 또한 텍스트를 읽기 전부터 생각이 시작되어야 한다는 점을 알게 된다. 새로운 정보에 대한 선행경험과 배경지식의 활성화를 도와주는 '브레인스토밍', '브레인라이팅', '개념도 그리기', '닿소리표 채우기'는 아이디어 형성하기의 유용한 지도 방법이 될 수 있다. 다만, 이때 교사는 학생들의 새로운 발상과 시도가 정답이 아닐 수 있다는 점을 감수해야 한다.

말하며 교과 배경지식을 떠올려요: 브레인스토밍

학습 주제를 제시하고, 관련 도서를 찾아 읽는 수업을 하다 보면 주제와 배경지식을 연결하지 못하는 학생들을 발견할 수 있다. 읽기를 못하고, 어려워하는 학생일수록 배경지식 및 사전경험을 학습 주제와 연결하지 못한다. 이때 학생들의 배경지식을 활성화하고, 지혜의 크기를 확인하기 위해 브레인스토밍을 적용할 수 있다. 학생들은 아이디어를 발산하고 모으는 브레인스토밍을 통해 텍스트를 더 잘 읽을 수 있게 된다.

브레인스토밍 Brainstorming 은 말 그대로 뇌에 폭풍을 일으키는 과정으로, 1939년 광고회사 부사장이었던 오스본 Alex Osborn 이 문제를 해결하기 위해 개발했다. 짧은 시간 내에 많은 아이디어를 쏟아낸 후 유의미한 결과를 추려서 정리하는 것이 특징이다. 특히, 브레인스토밍은 집단적으로 아이디어를 발산하는 시너지 효과와 더불어 경쟁 심리를 유발한다. 브레인스토밍의 지도 절차는 다음과 같다.

브레인스토밍 활동 이해하기	전체
↓	
브레인스토밍 주제 정하기	모둠별
↓	
아이디어 말하기	모둠별
↓	
아이디어를 유목화하여 정리하기	모둠별

가정 시간에 '지속가능한 소비 생활'을 학습하기 위해 『맛있는 햄버거의 무서운 이야기』를 읽기로 했다. 모둠별로 학습 주제에 대해 배경지식을 연상하면 더 잘 읽을 수 있기 때문에 읽기 전 활동으로 브레인스토밍을 했다. 사전에 4~5인으로 모둠을 구성하고, 기록자를 뽑았다.

브레인스토밍 활동 이해하기(전체)

브레인스토밍의 개념·장점·원칙을 설명하고, 모둠별로 활동지 또는 백지를 배부한다.

- **브레인스토밍의 개념**

  뇌에 폭풍을 일으켜 문제 해결을 위한 많은 아이디어를 쏟아내는 활동이다.

- **브레인스토밍의 장점**

  집단적으로 아이디어를 발산하여 짧은 시간 내에 유의미한 결과를 만들 수 있다.

- **브레인스토밍의 4원칙**

  - 질보다는 양을 중시한다. 가능한 빨리 많은 아이디어를 쏟아낸다. 일단 셀 수 없을 만큼 많이 만들어 낸 후 골라내면 된다.
  - 생각나는 것을 모두 기록한다. 기록자가 일일이 단어를 기록하기 어

렵다면 두 사람이 아이디어를 번갈아가며 기록할 수 있다.

- 다른 사람의 아이디어를 응용해서 새로운 아이디어를 만들 수 있다. 이미 나와 있는 아이디어를 살짝 변형하거나 추가하여 기발한 아이디어를 제시할 수 있다.

- 상대의 아이디어 비판을 금지한다. 다른 사람이 아이디어를 낼 때 머리를 갸우뚱하거나 혀를 차거나 약점을 끄집어내는 것 모두 비판에 포함되는 말과 행동이다. 어떤 생각이 좋고 나쁜지 판단하는 것은 나중에 할 일이다.

브레인스토밍 주제 정하기(모둠별)

브레인스토밍 주제를 교사가 제시하거나 모둠별로 원하는 주제를 직접 고르게 한다.

☐ 패스트푸드 산업　　☐ 청소년 노동　　☐ 광고와 마케팅
☑ 식품첨가물과 청량음료　☐ 육가공 산업　　☐ 패스트푸드 중독

모둠별로 아이디어 말하기(모둠별)

학생들은 브레인스토밍 원칙을 지키며 아이디어를 말한다. 교사는 모둠별로 5분 정도 시간을 준 후 타이머로 시간을 조정한다. '식품첨가물'로 브레인스토밍을 한 아이디어는 다음과 같다.

- '식품첨가물'이 주제인 경우

    라면, 아이스크림, 웡크젤, 껌, 캔디, 초코파이, 패스트푸드, 향료, 유화제, 껌베이스, 아질산나트륨, 경화유, 인공조미료, 정제물엿, 트랜스지방, 고칼로리, 열처리, 당류, 암 유발

아이디어를 '이미 알고 있는 것', '더 알아야 할 것'으로 나누기(모둠별)
아이디어가 충분히 나왔으면 아이디어를 평가한다. 필요 없다고 생각하는 단어를 지운다. 그리고 알고 싶은 것 중심으로 문제 해결 계획을 세운다.

- 식품첨가물
    - 주제에 대해 이미 알고 있는 것: 색소첨가제, 식품첨가물이 들어간 사탕류 제품
    - 더 알아야 할 것 : 색소첨가제를 대체할 천연첨가제의 종류

브레인스토밍을 할 때 학생들이 아이디어 말하기를 어려워하는 경우가 있다.
"저랑 A만 말하고, B와 C는 말을 안 해요."
"떠오르는 단어가 없어요."
이런 경우 주제 관련 참고 도서의 목차와 색인, 교과서의 내용

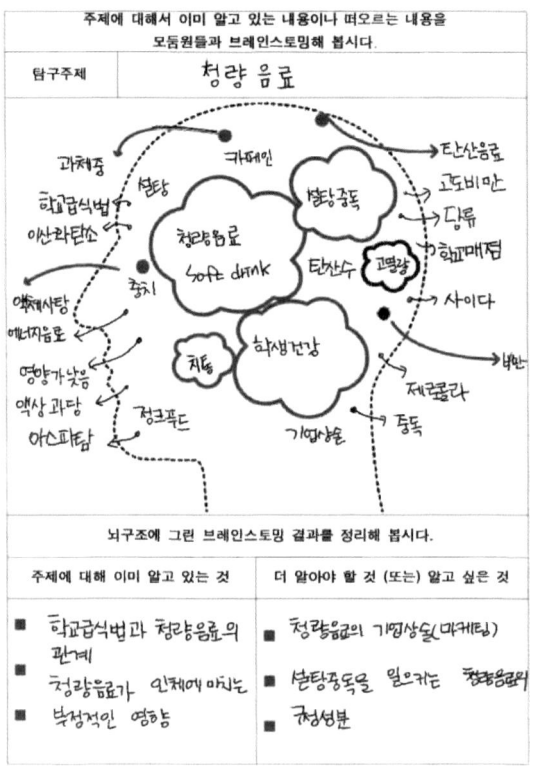

을 2~3분간 훑어보며 배경지식을 탐색하게 한다. 이후 브레인스토밍을 하면, 모둠별로 5분 동안 평균 30~40개씩 키워드를 쓴다.

    브레인스토밍 활동지를 만들 시간이 없다면 '(   )에 대해 알고 있는 것을 말해보자'와 같이 한 문장으로 말하며 배경지식을 꺼내게 할 수 있다. 교사가 이렇게 말하는 순간, 학생들은 학습하고자 하는 주제, 텍스트와 자신의 배경지식, 사전경험을 연결시킨다.

브레인스토밍은 모든 교과 학습 주제에 적용할 수 있다. 예를 들어 생명과학-방어작용, 보건-디지털 성폭력, 중국어-중국문화, 지구과학-기후위기, 세계지리-세계분쟁 등의 주제를 탐구할 때 학습 전, 독서 전, 검색 전 단계에서 브레인스토밍을 한다면 사전지식이 풍성해져서 주제 관련 도서를 더 잘 읽을 수 있게 된다.

모둠별 브레인스토밍 외에도 한 학급 전체 학생을 대상으로 대집단 브레인스토밍을 할 수 있다. 예를 들어 정보 시간에 사이버 범죄의 개념을 다룰 때 "사이버 범죄의 종류에는 어떤 것이 있나요?"(유형), "피해를 인지했을 때 어떻게 대처해야 하나요?"(대처방법), "사이버 범죄를 당하지 않으려면 어떻게 해야 할까요?"(예방수칙)와 같이 발문하고, 질문에 대한 아이디어를 말하도록 한다.

브레인스토밍은 절차가 복잡하지 않으며 설명 시간이 짧아서 부담이 없다. 교과별로 과제를 시작하는 단계인 읽기 전, 자료 조사 전 단계에서 브레인스토밍을 해보자. 더 잘 읽고, 다양한 키워드로 검색하는 학생을 관찰하게 될 것이다.

브레인스토밍을 지도할 때 참고하기 좋은 자료

『소통/창의/공감의 글쓰기』 곽상인 외 지음 | 박이정

브레인스토밍 활동지 ①

주제에 대해서 이미 알고 있는 내용이나 떠오르는 내용을
모둠원들과 브레인스토밍해 봅시다.

탐구주제	

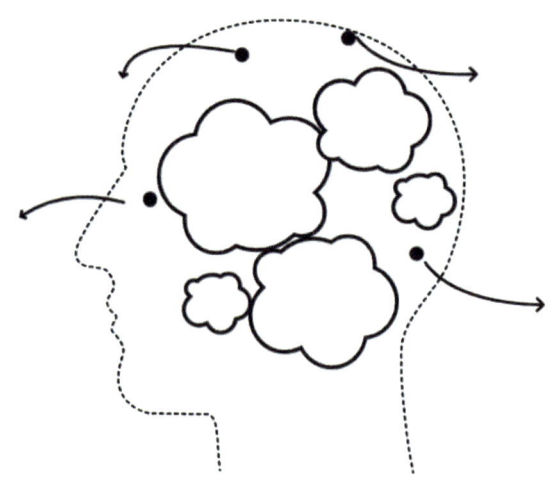

뇌구조에 그린 브레인스토밍 결과를 정리해 봅시다.

주제에 대해 이미 알고 있는 것	더 알아야 할 것 (또는) 알고 싶은 것
·	·
·	·
·	·

브레인스토밍 활동지 ②

(　　　　　　)를 위한 브레인스토밍 활동지

탐구주제	

브레인스토밍 키워드

1. 탐구 주제와 관련하여 단어를 연상하세요.

2. 동그라미 칸에 번호를 쓴 후 키워드를 쓰세요.

3. 탐구하고 싶은 키워드에 색칠하세요. (또는 이름 쓰기)

교과 주제 관련 글감을 찾아요: 브레인라이팅

브레인스토밍을 하다 보면, 무임승차자로 인해 불만을 토로하는 학생들을 만나게 된다.

"저랑 A만 말하고, B와 C는 참여를 안 해요."

학생들은 모둠에서 자기보다 뛰어난 모둠원이 있다는 것을 아는 순간, 생각을 멈추고 말을 하지 않는다. 연상을 잘하고, 협력적으로 아이디어를 발산하는 학생을 더 늘어나게 하려면 어떻게 해야 할까? 특정 학생이 아이디어를 독점하는 것을 방지하고, 단 한 명도 활동에서 소외되지 않게 하려면 어떻게 할까? 침묵의 브레인스토밍으로 불리는 브레인라이팅Brainwriting 기법을 수업에서 활용했다.

브레인라이팅은 4인 1모둠을 권장한다. 한 모둠을 6인 이상으로 구성하면 모둠원 간의 거리가 있어서 대화가 활발히 이루어지지 않고, 무임승차자가 생긴다. 좌석은 서로 마주볼 수 있는 구조로 배치한다. 브레인라이팅의 지도 절차는 다음과 같다.

브레인라이팅 활동 이해하기	전체
↓	
학습 주제 제시하기	모둠별
↓	
아이디어 작성하기	모둠별
↓	
글감으로 쓸 아이디어에 동그라미 표시하기	개인

음악 시간에 '서양음악사 사전 만들기' 활동 중에 브레인라이팅을 했다. 사전을 만들려면 각자 글감(표제어)을 찾아야 하는데, 교과서에는 음악 사조별로 학생들이 관심을 가질 수 있는 키워드가 풍성하게 담겨 있지 않았다. 3~4곡 정도의 대표곡, 각 음악 사조를 대표하는 음악가 5명의 이름이 나열되어 있을 뿐이었다. 교과서에는 시대별 음악의 특징과 작곡가 등의 정보가 압축되어 있어서 글감을 찾기에 어려움이 있었다. 이에 모둠별로 힘을 합쳐 주제에 대해 아이디어를 모으고, 그 안에서 글감을 찾을 수 있도록 브레인라이팅을 실시했다.

브레인라이팅 활동 이해하기(전체)

교사는 브레인라이팅의 의미와 적용하면 좋은 점을 소개하고, 학습지를 인원수만큼 배부한다.

- **브레인라이팅의 개념**

  '침묵의 브레인스토밍'으로 불리며, 말 그대로 머릿속에 떠오르는 아이디어를 쓰는 활동이다.

- **브레인라이팅의 장점**

  아이디어를 쓰기 때문에 쓰는 과정에서 아이디어의 수준이 높아지고, 모든 참여자가 똑같은 개수의 아이디어를 제시한다.

학습 주제 제시하기(모둠별)

교사가 학습 주제를 제시하거나 학생이 원하는 주제를 고른다. 이때 교사는 학생들이 주제를 잘 고를 수 있도록 학습 주제와 배경 설명을 충분히 한다.

- 중세와 르네상스 음악
- 바로크 음악
- 고전 음악
- 낭만 음악
- 민족주의 음악
- 인상주의와 20세기 음악

활동지에 아이디어 작성하기(모둠별)

모든 학생이 의무적으로 4개의 단어를 쓴다. 3분이 지나면 옆으로 돌린다. 새롭게 받은 활동지에 다시 4개의 아이디어 또는 단어를 적는다. 자신이 작성한 단어가 적혀 있는 용지가 자신에게 돌아올 때까지 이 과정을 반복한다.

글감으로 쓸 만한 것에 동그라미 표시하기(개인)

단어를 찾고 나면 글감으로 쓸 만한 것, 탐구하고 싶은 단어에 동그라미를 친다. 또는 다른 소재를 보태어 글감을 찾을 수 있다.

이름	키워드1	키워드2	키워드3	키워드4
		주제 : 바로크 음악		
김○○	푸가	통주저음의 시대	**헨델**	**비발디**
	↓	↓	↓	↓
최○○	1709년	저음	음악의 어머니	절대왕권
	↓	↓	↓	↓
채○○	4성부	화음	**메시아**	1600년
	↓	↓	↓	↓
이○○	기악의 발달	화성적 음악	오라토리오	**오페라**

　브레인라이팅 활동을 할 때 유의할 점은 동일한 단어를 반복해서 사용하면 안 된다는 것이다. 단어의 중복 없이 아이디어를 결합해야 한다. 만약 앞에서 친구가 적은 단어에서 연상되는 것이 없다면 새롭게 시작하는 단어를 쓰거나 교과서의 학습 키워드, 읽기 자료 등을 참고한다. 연상되는 단어가 없는데 계속 종이를 붙잡고 있으면 정체 현상이 생겨서 "제게 종이가 안 와요."라고 말하는 학생이 나타나기 시작한다.

　브레인라이팅은 말하기 활동을 힘들어하는 학생도 부담 없이 참가할 수 있어서 브레인스토밍의 단점을 보완한다. 자기의 생각을 먼저 기록한 후 협력하게 하여 더 많은 아이디어를 발산할 수 있다.

　만약, 브레인라이팅의 과정 없이 탐구할 주제의 핵심 단어를 찾으라고 했다면 학생들은 교과서에 제시된 한정된 단어를 중심으로 사전 만들기의 글감을 찾았을 것이다. 민족주의 음악과 관련하여 교과서에서 찾을 수 있는 키워드는 10개 정도인데, 학생들이 협력하여 브레인라이팅을 실시하면 20개 이상의 단어를 연상할 수 있다. 브레인라이팅은 글감 찾기에 도움이 될 뿐 아니라, 인터넷에서 관련 정보를 찾을 때 검색어로 활용할 수 있어 검색의 질을 높일 수 있다. 이러한 과정 없이 자료 조사 수업을 하면 '바로크 음악'을 고른 학생들은 인터넷에 '바로크 음악'으로만 검색하고, "검색 결과 쓸 만한 내용이 없어요."라고 답한다.

학생들에게 브레인라이팅은 브레인스토밍에 비해 낯선 활동이다. 따라서 학생들이 브레인라이팅을 머릿속에 그릴 수 있도록 구체적 예시를 보여 주면 좋다. 만약 보여 줄 학생의 결과물이 없다면 교사가 직접 작성한 브레인라이팅 기록지를 보여 준다. 예시가 있으면 보통의 학생들도 감을 잡고 활동을 하게 된다.

브레인라이팅은 글감을 찾기에도 유용하지만 토론할 때도 유용하다. 사회 시간에 '인권 침해 사례를 찾아 브레인라이팅 토의하기', 국어 시간에 『슈퍼 거북』을 읽고 핵심 아이디어를 쓴 후 긍정·부정·중립으로 분류하여 뒷이야기 쓰기', 한국지리 시간에 '젠트리피케이션에 대해 브레인라이팅 후 찬반 토론하기' 등 수업별로 다양하게 적용할 수 있다.

<주제: 인상국의 20세기 음악> 브로드스

이름	키워드1	키워드2	키워드3	키워드4
박 온	전가음악	인상주의	신고전주의	케이지
김 현	EDM	인동	신빈학파	라 반 악보
김 원	사운드	19세기 말	표현주의반기	미국
김 오	재어스	말러 1세	바수	4관편성
박 연	12음기법	신고전주의 20세기음악	관현음악	추상 3악장

'서양음악사' 브레인라이팅 활동 기록

📖 브레인라이팅을 지도할 때 참고하기 좋은 자료

『생각이 자라는 그림책 토론 수업』 권현숙 외 지음 | 학교도서관저널

브레인라이팅 활동지

(모둠)
　　　(　　　　　)를 위한 브레인라이팅

학번 :　　　　　　이름 :

1. 나눠 준 종이에 모둠의 탐구 주제 '바로크 음악'하면 떠오르는 것을 4가지를 쓴다.
2. 오른쪽으로 돌리면서 친구가 적은 4가지를 보며 떠오르는 것을 4개씩 쓴다.
   - 옆 친구의 키워드와 전혀 다른 키워드를 작성한다.
   - 옆 친구의 아이디어를 구체화하거나 보충하는 아이디어를 쓴다.
3. 주의할 점: 처음에 자신이 적은 4가지 단어를 반복해서 사용하면 안 된다.
   중복되지 않는 단어를 선택하여 아이디어를 결합한다.
4. 이 과정은 자신이 작성한 단어가 적혀 있는 용지가 자신에게 돌아올 때까지 반복한다.

<주제 : _____>

이름	키워드1	키워드2	키워드3	키워드4

↓

↓

↓

↓

5. 브레인라이팅에서 나온 단어 중 탐구하고 싶은 단어를 골라 색칠한다.

학습 주제 구체화를 통해 아이디어를 만들어요: 개념도

교과별 평가계획을 살펴보면 주제 중심 발표, 주제 중심 보고서, 리서치 프로젝트Research project 등 학생 스스로 주제를 정하여 탐구하는 수행평가 과제가 많다. 학생들은 스스로 주제를 정하여 공부하는 기회가 많지 않기 때문에 주제 선정을 어려워한다. 주로 교사가 교과 진도에 따라 친절히 학습 주제를 제공하므로 주제를 구체화하는 경험이 부족하다. 주제 세우기를 할 때 어떠한 도구로 지원하면 좋을까 고민하다가 개념도Concept map를 활용하기로 했다.

개념도는 특정한 문제를 중심으로 아이디어를 연상하는 활동이다. 처음에는 가장 포괄적이고 일반적인 아이디어로 시작하고, 점차 특정 개념으로 이루어지는 위계로 배열한다. 학생이 이미 알고 있는 개념과 새로운 개념을 연관 짓게 하여 창의적 아이디어가 많이 나올 수 있도록 도와준다. 개념도 그리기의 절차는 다음과 같다.

개념도 활동 이해하기	전체
↓	
주제를 중심 농그라미에 쓰기	모둠별
↓	
브레인스토밍을 통해 아이디어를 동그라미에 그려 넣기	모둠별
↓	
중심 동그라미와 주변 동그라미 사이의 관계를 기술하기	모둠별
↓	
개념도가 완성되면 전체 앞에서 발표 또는 공유하기	전체

생명과학 시간에 '방어작용' 관련 책을 읽고, 모둠별로 개념도를 그려 발표하는 수업을 했다. 개념도로 그룹핑을 하여 내용을 연결시키면 방어작용의 개념을 효율적으로 기억하고 전체적인 내용을 쉽게 파악할 수 있다. 방어작용 개념도를 그리기 위해 수혈, 비감염성 질환, 바이러스에 의한 병, 세균에 의한 병, 진핵생물에 의한 병, 광우병, 비특이적 면역, 특이적 면역 8개 주제에 맞춰 관련 도서, 과학 잡지를 준비했다.

개념도 활동 이해하기(전체)

개념도의 정의, 개념도를 그리며 방어작용을 공부할 때의 장점, 개념도 그리기의 절차를 설명한다. 이때 방어작용 개념도 예시를 보여 주면 보통의 학생들도 잘 이해하고, 잘 그리게 된다.

- **개념도**: 특정 문제를 중심으로 아이디어를 연상하여 위계적으로 배열하는 것
- **개념도를 그리면 좋은 점**: 이미 알고 있는 것과 새로운 개념을 연결하여 창의적인 아이디어가 많이 나올 수 있게 함.

주제를 확인하고, 주제를 중심 동그라미에 쓰기(모둠별)

'방어작용'이란 큰 주제는 교사가 제시하고, 학생은 소주제 8개

(수혈, 비감염성, 바이러스, 세균, 진핵생물, 광우병, 비/특이적 면역) 중 원하는 주제를 모둠별로 고른다. 교사가 배부한 백지 또는 활동지의 가운데에 중심 동그라미를 그리고 그 안에 주제를 쓴다.

- 우리 모둠이 선택한 주제: 광우병

핵심 개념과 아이디어를 동그라미에 그려 넣기(모둠별)
모둠에서 광우병에 대해 5분간 브레인스토밍을 하고, 핵심 개념별로 묶는다.

- 아이디어: 광록병, 불면증, 인간광우병, 변형 프리온 단백질, 소해면 상뇌증, 미트볼, 가려움증, 치매 척수, 치료법
- **핵심개념**: 광우병 증상, 광우병 유사 질환, 광우병 감염 경로, 광우병 원인, 광우병 사례

중심 동그라미와 주변 동그라미 사이의 관계를 기술하기(모둠별)
중심 동그라미와 주변 동그라미 사이의 관계를 '~의 형태, ~의 부분, ~을 초래한다, ~의 성격, ~을 위한 증거' 등으로 기술한다. 이때 단어 사이의 관계를 기호로 표현해도 좋다.

- 광우병의 **원인**은 (변형 프리온 단백질)이다. (변형 프리온 단백질)의 정의는 (사람과 동물의 뇌에서 중요한 역할을 하는 단백질이 변형된 것)이다.
- 광우병의 **감염 경로**는 (감염된 동물로 만든 사료 섭취)이다.
- 인간 광우병의 **증상**은 (불면증, 우울증)이다.

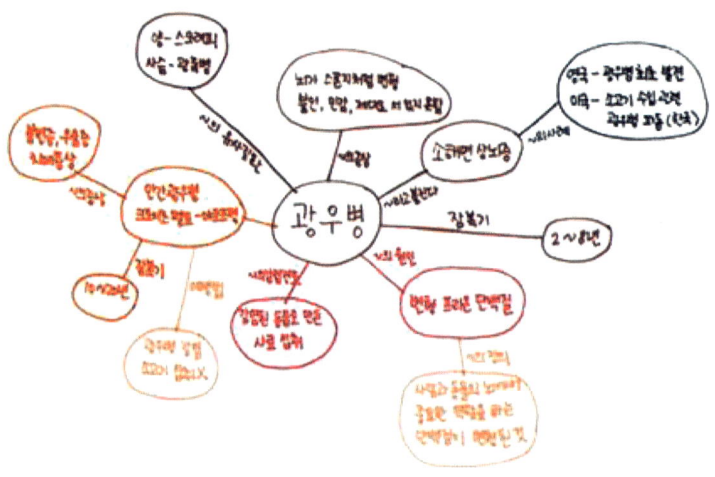

완성된 개념도를 발표 및 전시하기(전체)

개념도가 완성되면 전체 학생 앞에서 발표하거나 게시 또는 공유한다. 각 모둠에서 발표하고, 학급별로 만든 개념도를 다른 학급과 비교하여 볼 수 있도록 한다. 같은 주제에 대해 서로 다르게 표현한 개념도를 보고 학생들은 어떤 모둠의 개념도가 가장 구조화되고, 정교하게 구성되었는지 알 수 있을 뿐 아니라 개념도를 통해 오

개념을 찾을 수도 있다.

과제 초반, 도입 단계에서는 아이디어가 많지 않아서 개념도를 풍성하게 그리기 어렵다. 과정을 진행하고 마무리하는 단계에 이르면, 개념도를 아이디어로 풍성하게 채울 수 있다는 것을 학생들에게 알려 주고 격려한다. 또한 인지과정을 구조화, 시각화하면서 제작 과정 중에 과제가 잘 진행되는지 자기 점검 도구로 참고하도록 한다. 보고서의 주제 잡기나 토론, 주제 발표 활동을 이어서 한다면 개념도는 중요한 기초 자료가 될 것이다.

개념도 그리기를 지도할 때 유의점은 학생들에게 개념도 그리는 방법을 충분히 설명하고, 예시를 제시해야 된다는 점이다. 초등학교, 중학교에서 수없이 그려봤을 것이라고 짐작하며 알아서 개념도를 그리게 해서는 안 된다. 능숙하게 그리지 못하는 학생들이 반마다 4~5명 정도 있다. 개념도를 그릴 때 개념과 개념 사이의 연결고리를 동사나 부사를 활용해 표현하는 것을 어려워한다. 방법을 설명하고, 예시를 보여 줘도 따라하지 못한다면 해당 학생이나 모둠은 과정 중에 교사가 피드백하여 제대로 그릴 수 있게 도와준다.

개념도는 교과별로 다양하게 활용할 수 있다. 영어권 문화 시간 가이드 잡지를 제작한다면 개념도는 잡지의 목차가 된다. '가이드 잡지 만들기'와 같은 과제는 한 차시로 끝나는 수업이 아니기 때문에 프로젝트를 진행하는 과정 중에 개념도를 점검 도구로 활용한다. 미술 시간의 서양미술사 주제 중심 연구보고서 수행평가라면 개념도로 질문을 분류하고, 보고서에 이를 첨부하여 제출하도록 할 수 있다. 이때 개념도는 보고서의 개요 역할을 하게 된다.

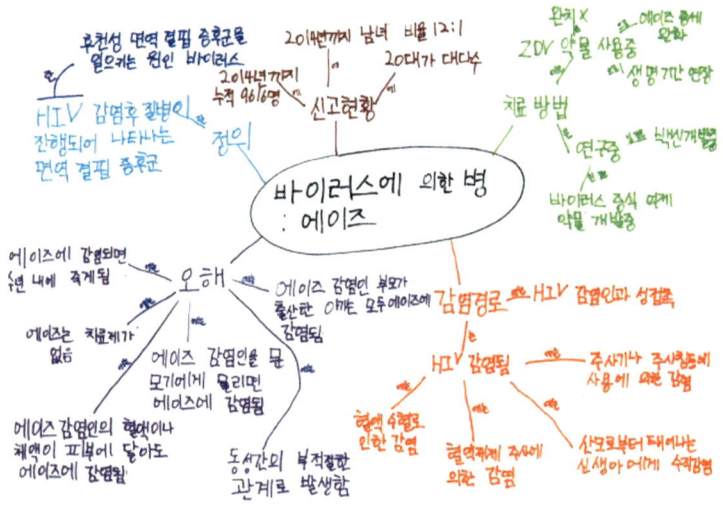

생명과학Ⅰ 방어작용 개념도

개념도 작성을 지도할 때 참고하기 좋은 자료

『토의·토론 수업방법 99』 정문성 지음 | 교육과학사

개념도 그리기 활동지

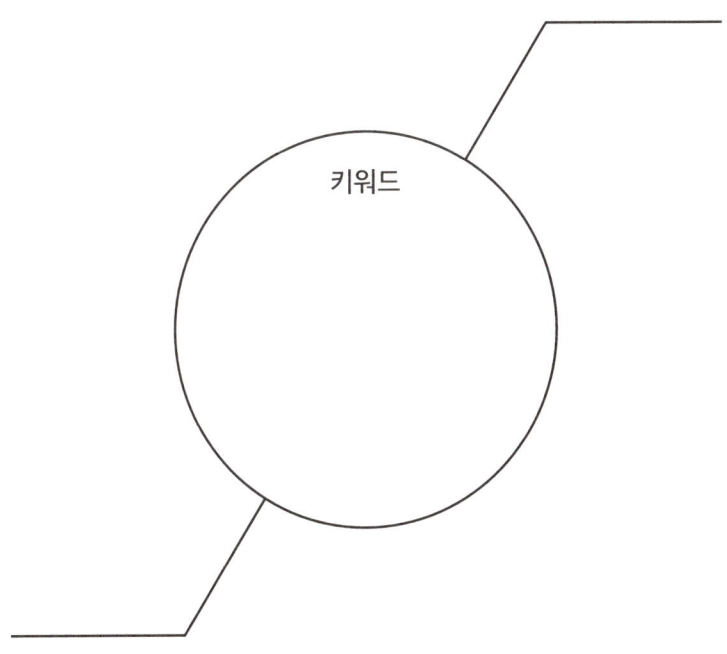

※ 활동지는 백지로 제공해도 되며, 한가운데에서 시작하게 한다.

ㅇㅇ으로 시작하는 말로 교과 어휘력을 높여요: 닿소리표

교과 텍스트를 잘 읽으려면 교과 어휘에 대한 이해가 선행되어야 한다. 교과 지식을 담고 있는 핵심 어휘의 뜻을 모르면 문장을 이해하지 못하고, 글 전체를 파악할 수 없다. 이런 이유로 학생들의 교과 어휘력을 높이기 위해 주제 배경지식을 높이는 교과 어휘 활동으로 수업을 시작한다. 주제와 관련하여 각자 알고 있는 것을 꺼내 생각하면 교과 텍스트를 더 잘 읽을 수 있게 된다.

배경지식을 연상하는 방법은 매우 다양하다. 떠오르는 아이디어를 무작위로 쓰는 방법도 있지만, 그것들을 다시 분류하여 범주화하는 방법도 있다. '닿소리표 채우기'는 각 닿소리로 시작하는 말을 연상하며 분류하는 활동으로 모든 교과에 적용 가능하며 절차가 간편해서 수업 시간에 효율적으로 사용할 수 있다. 닿소리표 채우기 지도 절차는 다음과 같다.

단계	대상
닿소리표 활동 이해하기	전체
↓	
닿소리표에 낱말을 가능한 많이 채우기	개별
↓	
닿소리표에 대해 모둠 또는 전체 대상으로 발표하기	모둠 또는 전체
↓	
학생들이 답하지 못한 단어의 답 제시하기	전체

영어권 문화 시간에 '다문화주의' 토론 수업을 하기 위해 닻소리표를 활용하기로 했다. 다문화주의 토론을 위해 사전에 다문화주의 관련 뉴스 기사를 찾아 질문을 생성하게 했다. 교과서로 다문화주의 이론인 salad bowl, melting pot 지문을 읽고 1차시로 수업을 했지만, 학생들은 다문화주의와 관련된 키워드를 다양하게 떠올리지 못했다. 어떤 학생은 컴퓨터 앞에 앉아 '다문화주의'로만 검색한 후 원하는 뉴스 기사를 찾을 수 없다고 했다. 토론 주제인 다문화주의와 관련된 배경지식을 늘리고, 검색어를 구체화하여 토론 질문을 생성할 수 있도록 닻소리표를 활용하기로 했다.

닻소리표 활동 이해하기(전체)

닻소리표를 미리 채운 샘플지를 화면에 띄우고, 닻소리표 채우기 활동이 무엇이고, 닻소리표를 채우면 어떤 점이 좋은지 설명한다.

- **'닻소리표 채우기'란?**
  떠오르는 아이디어를 각 닻소리에 맞춰 분류하는 활동이다.
- **'닻소리표 채우기'를 하면 좋은 점**
  교과 어휘 관찰, 학습 내용 예측, 배경지식 확장이 가능하다.

닿소리표에 낱말을 가능한 많이 채우기(개별)

닿소리표 채우기는 탐구 주제에 관한 아이디어를 떠올리거나 예비조사를 통해 배경지식을 늘려 나가는 활동부터 시작한다. 먼저 교과서나 책상 위에 준비된 관련 도서의 목차와 색인을 훑어본다. 그래도 부족하다 싶으면 핸드폰으로 인터넷 웹사전(다음 백과, 네이버 지식백과)을 찾아 '다문화주의'의 개념, 정의를 읽어 보도록 한다. 유사어·동의어·연관 검색어로 나오는 키워드도 추가로 찾도록 한다. 모둠원들과 닿소리표 작성을 위해 대화를 나누는 과정에서 힌트를 얻기도 한다. 학생들이 탐구 주제 관련 관념적인 단어들만 쓰지 않고, 관련 인물, 문학 작품, 영화, 사회 이슈를 떠올릴 수 있도록 교사가 질문을 던진다. 5분의 정해진 시간 동안 주어진 칸에 낱말을 가능한 많이 쓰게 하면, 모둠별로 보통 20개~35개의 단어를 써낸다.

ㄱ/ㄲ	ㄴ	ㄷ/ㄸ	ㄹ	ㅁ
결혼이민자	난민	단일민족주의 다문화가정	라마단	모자이크사회 명예살인
ㅂ/ㅃ	ㅅ/ㅆ	**다문화주의** **Multiculturalism**	ㅇ	ㅈ/ㅉ
불법체류자 북한이탈주민	스티브잡스		예멘난민 완득이 인종차별	재일교포
ㅊ	ㅋ	ㅌ	ㅍ	ㅎ
출생률		탈레반	포용	히잡

닿소리표에 대해 발표하기(모둠 또는 전체)

가장 많이 쓴 모둠에서 대표로 한 명이 어떤 단어를 썼는지 발표하고, 전체 학생은 듣는다. 그리고 칠판에 붙어 있는 학급 전체 닿소리표에 모둠별로 쓴 닿소리 포스트잇을 붙인다. 이때 자기 모둠이 쓰지 못한 닿소리를 다른 모둠이 어떻게 썼는지 관심 있게 보라고 조언한다. 학생들은 닿소리표에 쓰인 단어들 중 관심이 가는 키워드가 있으면 메모하거나 동그라미로 표시하여 다문화주의 뉴스기사를 검색할 때 검색어로 사용한다.

조별 닿소리표　　　　　　학급 닿소리표

학생들이 답하지 못한 단어를 확인하여 답을 제시하기(전체)

교사는 학생들이 답하지 못한 닿소리가 무엇인지 파악하고 알려 준다. 예를 들면 'ㅋ'에 대해 어떤 모둠도 쓰지 못했다면, 'ㅋ'으로 시작하는 단어인 '캐나다'를 알려 준다. 캐나다가 모자이크 문화를 대표하기 때문에 연상했다고 설명을 덧붙인다. 학생들은 떠오르지 않아 쓰지 못한 닿소리를 무척 궁금해한다.

닿소리표는 학습할 내용의 예측을 도와주고, 배경지식과 학습 주제를 연결한다. 또한 '다문화주의 관련한 사건, 뉴스 기사 찾기'라는 과제를 부여할 때, 아이들이 '다문화주의' 단 하나의 키워드로 인터넷 포털 뉴스에서 대충 검색하여 찾은 내용을 베껴서 제출하는 것을 막을 수 있다. 닿소리표 채우기는 텍스트를 잘 읽을 수 있도록 도와주고, 자료조사를 할 때에도 다양한 검색어를 사용하게 하여 검색의 질을 높여 준다.

닿소리표 채우기 활동을 할 때 3가지를 유의해야 한다. 첫째, 활동지를 만들 때 두세 개의 단어를 단서로 삼을 수 있게 예시를 줘야 한다. 예를 들면, 다문화주의가 주제인 경우 'ㅁ'에 '모자이크 사회', 'ㅇ'에 '예멘 난민' 단어를 힌트로 제시한다. 닿소리표 채우기를 처음 하는 거라면 막막할 수 있는데, 예시 단어는 막막함을 줄여준다. 둘째, 책과 주제에 따라 채워야 하는 닿소리 개수를 조정한다. 어떤 주제는 14개의 닿소리를 다 채울 수 있지만, 어떤 주제는 몇 개의 자음만 적합할 수 있기 때문이다. 단지 닿소리표를 많이 채우는 것만 강조하면 책과 학습 주제에 대한 흥미를 떨어뜨릴 수 있으므로, 교사가 주제와 책에 따라 닿소리 개수를 적절히 조정한다. 셋째, 닿소리표에 쓰는 단어들은 반드시 정답이 아니어도 된다는 사실을 강조한다. 책을 읽기 전, 학습 전에 작성하기 때문에 틀릴 수 있음을 알려준다.

닿소리표는 다양한 교과에서 토론 전, 읽기 전, 학습 전에 활용 가능하다. 일본어 시간에 '일본 문화' 관련 도서를 읽고 KWL 차트를 작성한다면 읽기 전에 모둠별로 '일본 문화'를 주제로 닿소리표를 작성할 수 있다. 닿소리표에 작성한 단어들은 KWL 차트의 'K(이미 알고 있는 것)'에 정리하여 기록하도록 한다. 경제 시간이라면 『젊은 소셜벤처에게 묻다』를 읽기 전에 '소셜벤처(사회적 기업)'로 닿소리표를 작성하게 하며 책의 내용을 예측하게 하고, 읽고 난 후 알게 된 내용을 닿소리표에 단어로 정리하도록 한다. 또한 읽기 전 파란 펜, 읽고 난 후 빨간 펜으로 단어를 채우게 하면 읽기 전후의 배움을 쉽게 확인할 수 있다.

닿소리표를 지도할 때 참고하기 좋은 자료

『활동 중심 독서 지도』 천경록 외 지음 | 교육과학사

닿소리표 활동지

(　　　　　　　　)를 위한 닿소리표

떠오르는 단어를 아래 닿소리표에 채우고,
가장 관심이 가는 단어에 동그라미 표시를 하세요.

ㄱ/ㄲ	ㄴ	ㄷ/ㄸ	ㄹ	ㅁ
ㅂ/ㅃ	ㅅ/ㅆ	학습 주제 또는 도서명	ㅇ	ㅈ/ㅉ
ㅊ	ㅋ	ㅌ	ㅍ	ㅎ

알파벳표 활동지

(　　　　　　　　)를 위한 알파벳표

떠오르는 단어를 아래 알파벳표에 채우고,
가장 관심이 가는 단어에 동그라미 표시를 하세요.

A	B	C	D	E
F	G	H	I	J
K	L		M	N
O	P	TOPIC or BOOK TITLE	Q	R
S	T	U	V	W
X	Y	Z		

배움의 변화를 경험하는 읽기 문해력

교과 시간에 스스로 읽을 책을 골라요: 북매치

　수행평가로 서평 또는 독서 감상문 쓰기 과제를 부여할 때, 읽을 책을 알아서 준비해 오라고 하면 우수한 30%의 학생만 준비해 온다. 그래서 요즘에는 선생님들이 수업 시간 중 한 차시를 빼서 학생들을 학교도서관에 데려가 책을 고를 시간을 준다. 학교도서관에서 책을 고르게 하면, 책을 준비하지 않은 평범한 학생이나 학습에 의욕이 없는 학생도 참여할 수 있다. 교과와 연계하여 관심 이슈의 책을 잘 찾는 학생도 있지만, 자신이 좋아하는 책을 고르는 게 안 되는 학생도 있다. 북매치를 활용하여 책 선정을 어려워하는 학생들의 자료 선택을 도울 수 있다.

　북매치BOOK MATCH[7]란 자율적인 책 선택을 돕는 체계화된 전략이다. 앞 글자를 따서 만들어진 책 선정 기준에 따라 학생들은 스스로 책을 선정할 수 있다. 책의 분량, 언어표현, 배경지식, 이해도, 장르, 주제적합성, 자신과의 연관, 흥미 등 다양한 요소를 바탕으로 책을 고른다. 9개의 항목이 많다고 느껴진다면 학생들과 토의를 통해 기준을 추가 또는 삭제할 수 있다. 북매치 형식을 그대로 따라하지 말고, 자신의 교실과 수업에 적합한 기준으로 변형하거나 새롭게 만들어 사용한다. 북매치 지도 절차는 다음과 같다.

북매치 활동 이해하기	전체
↓	
참고하고 싶은 기준과 삭제하고 싶은 기준을 나누기	개별
↓	
서가에서 책 고르기	개별
↓	
책 소개하기	모둠별

영어 시간에 진로독서 후 서평을 쓰는 수행평가에서 북매치를 적용했다. 학생들에게 진로 추천도서 목록을 배부하고 알아서 읽을 책을 준비해 오라고 하니 대부분 어렵고 딱딱한 책을 가져왔다. 학생들이 한 권의 책을 재미있게 끝까지 읽는 것이 중요했기 때문에 책 선정에 대한 지도가 필요했다. 수업을 위해 학교도서관을 사전에 예약하고, 학생 스스로 자료를 선택하는 것을 도와주는 도구로 북매치를 활용했다.

북매치 활동 이해하기(전체)

- **북매치의 개념과 필요성 안내**

  북매치(BOOK MATCH)란 자율적 책 선택을 돕는 전략으로 자료 선택의 실패를 줄여 준다.

- **북매치 과정 시연**

  전체 학생을 대상으로 평소에 책을 어떤 기준으로 고르는지 질문하고,

북매치 과정을 시연한다.

"너희들은 어떤 책에 손이 가니? 난 '무슨 책이냐'보다 '누가 추천하는 책이냐', '누가 쓴 책이냐'를 더 중시하는 편이야. 최근 구입한 소설 『가녀장의 시대』는 K-장녀가 집안의 경제권과 주권을 잡는 내용이지. ○○국회의원이 페이스북에 추천사를 써서 흥미가 생겼고, 수필 작가 이슬아의 첫 소설이라 궁금했어. 난 누가 썼는지 보고 책을 고를 때 실패 확률이 낮았어. 그럼 각자 북매치 기준을 세우고 책을 골라볼까?"

- 북매치 활용법 소개

  북매치를 어떻게 활용하면 좋을지, 각 기준을 어떻게 확인하는지 알려준다. 책의 분량은 책의 두께와 마지막 페이지로 확인한다. 언어의 난이도를 파악하려면 책의 1장에서 아무 쪽이나 읽어 보면 된다. 책의 구조는 목차를 참고하면 알 수 있다. 책의 배경지식은 책 겉표지 뒷면의 요약문을 읽으면 알 수 있고, 책날개에서 저자 정보를 파악할 수 있다. 다룰 만한 텍스트인지 판단하기 위해서는 책 속에서 반복되는 용어가 쉬운지 어려운지 살펴본다. 책의 주제가 적절한지 제목과 표지를 살펴보면서 주제적합성을 판단할 수 있다.

참고하고 싶은 기준과 삭제하고 싶은 기준을 나누기(개별)

참고하고 싶은 기준에 'O' 표시를 하고, 삭제하고 싶은 기준에 'X' 표시를 한다.

	선택 기준	질문	O/X
B	책의 분량 (Book length)	• 나에게 적절한 길이인가? • 쪽수가 너무 적거나 많은가?	O
O	언어의 난이도 (Ordinary language)	• 아무 쪽이나 펴서 읽었을 때 유창하게 읽히는가? • 의미를 이해할 수 있는가?	O
O	구조 (Organization)	• 책은 어떻게 구성되어 있는가? • 각 장들은 긴가? 짧은가?	X
K	책의 배경지식 (Knowledge prior to book)	• 제목을 읽고 겉표지 또는 책 뒤의 요약문을 읽어 보라. • 책의 주제, 저자, 삽화가 등에 대해 얼마나 알고 있나?	X
M	다룰 만한 텍스트 (Manageable text)	• 읽은 것을 이해할 수 있는가? • 단어들이 나에게 쉬운가? 어려운가?	O
A	장르 (Appeal to genre)	• 이 책의 장르는 무엇인가? • 이 장르를 좋아하는가? • 전에 이러한 장르의 글을 읽은 경험이 있는가?	O
T	주제적합성 (Topic appropriateness)	• 이 책의 주제가 편안한가? • 이 주제에 관해 읽을 준비가 되었다고 생각하는가?	O
C	연결 (Connection)	• 이 책의 내용을 자신과 연결 지을 수 있는가? • 이 책은 어떤 사물이나 어떤 사람을 떠올리게 하는가?	O
H	높은 흥미 (High interest)	• 이 책의 내용에 관심이 있는가? • 이 책의 필자나 삽화가에게 관심이 있는가? • 이 책은 다른 사람이 추천한 것인가?	X

서가에서 책 고르기(개별)

나만의 북매치 기준을 고려하여 서가에서 직접 책을 고른다. 교사는 학생들이 선정한 책을 유심히 살펴보고, 추천 및 피드백을 한다. 학생들의 흥미와 수준에 맞는 책을 골라 주기 위해 평소 어떤 책을 읽는지, 최근에 재미있게 본 책은 무엇인지, 어떤 주제에 관심이 있는지 물어본다. 과제 제출 기한이 2주 남았는데, 단테의 『신곡』 지옥편, 연옥편, 천국편 3권을 읽는다는 학생이 있다면 기한과 수준을 고려한 선택인지 생각해 보게 한다.

- 선정한 도서

책이름	글쓴이 이름	출판사	출판연도
내 강아지 마음 상담소	강형욱	혜다	2019
선정 이유			
사람뿐 아니라 동물도 감정을 느끼며 행동한다는 것을 자세히 탐구하고 싶기 때문이다.			

책 소개하기(모둠별)

학생들은 수업 종료 10분 전 자리에 앉아 각자 선정한 책을 돌아가며 소개한다. 어떠한 책을 선정했는지, 선정 이유를 말하며 대화의 시간을 갖는다. 같은 조원은 발표자의 발표를 들으며 질문할 수도 있다. 책 선정 기준은 개인마다 다르기 때문에 정답이 없다. 누구나 자신 있게 자기가 고른 책을 소개할 수 있다. 다른 친구의 책 선택 기준과 각자 고른 책을 보면서 독서 동기를 갖게 된다.

북매치 전략을 지도할 때 책에 대한 관심을 자극하기 위해 두 가지에 집중한다. 첫째, 북매치의 시연이다. 교사의 시연은 잘 읽으려고 하지 않는 학생들의 학습 동기를 향상시킨다. 가급적 학생들이 흥미를 보일 만한 저자나 장르의 책으로 북매치 과정을 소리 내어 보여 준다. 특히 학생들은 교사가 돈을 주고 산 책을 궁금해한다.

둘째, 서가에서 직접 책을 고르는 시간에 교사는 학생들의 책 선정을 도와준다. 이때 평소 비독자로 사는 학생들을 집중적으로 피드백 한다. 비독자 학생들은 "수행평가니까 책을 읽어야 해."라는 말이 통하지 않으므로 로맨스소설, 사진집, 동물이 주제인 책, 만화책과 같은 책들을 권한다. 연애소설을 읽었다고 감점하지 않으니 각자 자유롭게 책을 고를 수 있는 분위기를 조성한다.

학생에게 자료 선택의 주도권을 주고, 삶과 가장 가까운 책을 선정하는 수업은 모든 교과에서 가능하다. 일본이 시간에 '일본문화 도서를 읽고 독후감 쓰기', 지리 시간에 '지리 관련 도서를 읽고 서평쓰기' 등의 과제를 부여하기 전에 학생들을 학교도서관에 데려가 '북매치' 활동을 하게 한다면 학생 개개인의 흥미와 수준을 고려해 책을 선정하게 되므로 한 권의 책을 완독할 가능성이 높아진다.

진로독서 후 영어로 서평쓰기   이름:

< 책 정하기 >

1. 나의 진로

가치관	항상 최선을 다하는 사람이 되고 싶다
희망 전공(직업)	의사

2. 다음은 책을 선정 할 때 참고하면 유용한 북매치(BOOK MATCH)전략이다.
2-1. 책을 선정 할 때 참고하고 싶은 기준에 O표시 해보자.

	질문	책 선택 기준	O,X
B	책의 분량 (Book length)	쪽수가 너무 적거나 많은가?	X
O	언어의 난이도 (Ordinary language)	1장의 아무 쪽이나 펴서 읽어보라. 글의 흐름과 느낌은 어떠한가?	O
O	구조 (Organization)	책은 어떻게 구성되어 있는가? 각 장이 간가 짧은가?	O
K	배경지식 (Knowledge prior to book)	책의 제목, 겉표지, 책 뒤 요약문을 읽어보라. 이 책의 주제, 저자에 대해 얼마나 알고 있나?	X
M	다룰 만한 텍스트 (Manageable text)	책 단어가 적합한가? 쉬운가? 어려운가? 자신이 책 내용을 이해할 수 있는가?	O
A	장르 (Appeal to genre)	이 책의 장르는 무엇인가? 본인이 관심 있는 장르는 무엇인가?	X
T	주제적합성 (Topic appropriates)	이 책의 주제가 적절한가? 이 주제에 관해 읽을 준비가 되었다고 생각하는가?	O
C	연결(Connection)	이 책이 나의 삶과 연결 지을 수 있는가?	O
H	높은 흥미(High interest)	이 책의 저자에게 관심이 있는가? 나는 이 책 내용에 관심이 있는가?	O

3. 북매치 전략에서 참고하고 싶은 기준을 중심으로, 영어 서평 작성을 위한 책 1권을 선정해 보자.

책이름	글쓴이 이름	출판사	출판년도
면역에 관하여	율라 비스	열린책들	2016
선정 이유			

의학에서 가장 중요하게 다루는 부분 중 하나가 면역이고, 내가 (학기 때 흥미롭게 주제가
면역에 대해서이다 이미 기반이 되는 면역에 대하여 자세히 알아보고 싶었다.

학생이 작성한 북매치 활동지

📖 북매치를 지도할 때 참고하기 좋은 자료

『교사를 위한 독서교육론』 김주환 지음 | 우리학교

1차시용 북매치 활동지

(　　　　　)를 위한 북매치

☆ 책을 선정할 때 참고하고 싶은 기준에 'O' 표시해 봅시다

선택 기준		질문	O/X
B	책의 분량 (Book length)	• 나에게 적절한 길이인가? • 쪽수가 너무 적거나 많은가?	
O	언어의 난이도 (Ordinary language)	• 아무 쪽이나 펴서 읽었을 때 유창하게 읽히는가? • 의미를 이해할 수 있는가?	
O	구조 (Organization)	• 책은 어떻게 구성되어 있는가? • 각 장들은 긴가? 짧은가?	
K	책의 배경지식 (Knowledge prior to book)	• 제목을 읽고 겉표지 또는 책 뒤의 요약문을 읽어보라. • 책의 주제, 저자, 삽화가 등에 대해 얼마나 알고 있나?	
M	다룰 만한 텍스트 (Manageable text)	• 읽은 것을 이해할 수 있는가? • 단어들이 나에게 쉬운가? 어려운가?	
A	장르 (Appeal to genre)	• 이 책의 장르는 무엇인가? • 이 장르를 좋아하는가? • 전에 이러한 장르의 글을 읽은 경험이 있는가?	
T	주제적합성 (Topic appropriateness)	• 이 책의 주제가 편안한가? • 이 주제에 관해 읽을 준비가 되었다고 생각하는가?	
C	연결 (Connection)	• 이 책의 내용을 자신과 연결 지을 수 있는가? • 이 책은 어떤 사물이나 어떤 사람을 떠올리게 하는가?	
H	높은 흥미 (High interest)	• 이 책의 내용에 관심이 있는가? • 이 책의 필자나 삽화가에게 관심이 있는가? • 이 책은 나른 사람이 추천한 것인가?	

☆ 북매치 전략에서 참고하고 싶은 기준을 중심으로 책 1권을 선정해 봅시다.

책이름	글쓴이 이름	출판사	출판연도

선정 이유

2차시용 북매치 활동지

(   )를 위한 북매치

1. 학습 주제 '○○'에 대해 자신만의 한 줄 정의를 내려 봅시다.

_____

_____

2. 학습 주제 '○○'에 대한 도서 3권을 도서관, 서점, 인터넷 등에서 차근차근 찾아보고 아래 표를 완성해 봅시다.

책이름	글쓴이 이름	검색 내용	순위
<예시>돼지를 키운 채식주의자	이동호	채식과 육식, 농장과 공장, 동물과 사람의 관계를 생각하게 하는 이야기. 브런치북 8회 대상 수상작	

※ 학교도서관, 공공도서관, 대형서점(예스24, 알라딘, 교보문고)에서 검색하여 작성할 것.

3. 앞의 표에서 선정한 1, 2위 책을 놓고 북매치(BOOK MATCH) 기준을 참고하여 다시 평가해 봅시다.

선택 기준		질문	학생 의견	
			① 책이름:	② 책이름:
B	책의 분량 (Book length)	• 나에게 적절한 길이인가? • 쪽수가 너무 적거나 많은가?		
O	언어의 난이도 (Ordinary language)	• 아무 쪽이나 펴서 읽었을 때 유창하게 읽히는가? • 의미를 이해할 수 있는가?		
O	구조 (Organization)	• 책은 어떻게 구성되어 있는가? • 각 장들은 긴가? 짧은가?		
K	책의 배경지식 (Knowledge prior to book)	• 제목을 읽고 겉표지 또는 책 뒤의 요약문을 읽어보라. • 책의 주제, 저자, 삽화가 등에 대해 얼마나 알고 있나?		
M	다룰 만한 텍스트 (Manageable text)	• 읽은 것을 이해할 수 있는가? • 단어들이 나에게 쉬운가? 어려운가?		
A	장르 (Appeal to genre)	• 이 책의 장르는 무엇인가? • 이 장르를 좋아하는가? • 전에 이러한 장르의 글을 읽은 경험이 있는가?		
T	주제적합성 (Topic appropriateness)	• 이 책의 주제가 편안한가? • 이 주제에 관해 읽을 준비가 되었다고 생각하는가?		
C	연결 (Connection)	• 이 책의 내용을 자신과 연결 지을 수 있는가? • 이 책은 어떤 사물이나 어떤 사람을 떠올리게 하는가?		
H	높은 흥미 (High interest)	• 이 책의 내용에 관심이 있는가? • 이 책의 필자나 삽화가에게 관심이 있는가? • 이 책은 다른 사람이 추천한 것인가?		

※ 9개의 기준 중 중요하다고 판단한 '책 선택 기준'을 색칠하고 평가 의견을 기술하면 됨.

4. 최종 책 선정: 책이름 (   ) / 글쓴이 이름(   )

최종 선정 이유	

정보 텍스트를 읽고 요약해요: KWL

교과 학습의 성취를 위한 읽기 활동을 설계할 때 텍스트의 주제와 글의 구조를 고려한다. 글의 구조가 서사$_{narrative}$ 구조를 갖춘 문학인지 설명$_{expository}$ 구조의 비문학인지 생각하고 활동을 선택하는 것이 좋다. 설명적인 구조의 텍스트를 다룰 때 읽은 내용을 구조화하여 정리할 수 있는 'KWL' 전략은 특히 유용하다.

KWL은 1986년에 도나 오글$_{Donna\ Ogle}$에 의해 만들어졌다.[8] 'K'는 'Know'의 첫 글자로 '아는 것'이고, 'W'는 'Want to know'로 '알고 싶은 것'을 말하며, 'L'은 'Learned'로 '배운 것'을 의미한다. KWL을 통해 새로운 자료의 의미를 구조화하고, 글을 읽기 전 배경지식을 활성화할 수 있다. 학생들은 KWL 전략을 활용하여 앞으로 읽을 글에 관해 예측한다. 읽기 전, 읽기 중 주제에 대해 스스로 질문을 생성하여, 그 답을 찾기 위해 글을 읽으며 새로운 정보를 의미 있게 조직한다. KWL 활동의 지도 절차는 다음과 같다.

단계	형태
KWL 활동 이해하기	전체
↓	
K 배경지식 쓰기	개별
↓	
W 알고 싶은 것 기록하기	개별
↓	
읽기(질문에 대한 답을 찾으며 읽기)	개별
↓	
L 알게 된 것 쓰기	개별

수학 시간에 수의 아름다움과 재미를 느낄 수 있는 책을 읽고 KWL 차트를 작성하기로 했다. 학생들이 수학이란 과목을 친숙하게 여기고, 수학의 세계로 입문하는 것을 목표로 했다. 선행학습으로 '수학=문제풀이'라고 생각하는 학생들을 수업에 잘 참여하게 하려면 수학 교과에 대한 애정을 갖도록 하는 것이 우선이다. 진짜 수학자가 생각을 어떻게 펼쳐 가는지, 그 세계를 학생들에게 접하게 하면서 학습 의욕을 자극하고, 학생들이 수학적 사유를 확장해 나가는 계기를 수학 독서를 통해 마련했다. 학생들에게 수학 관련 책들을 발췌하여 읽고, 1시간 동안 KWL 차트로 정리하게 했다.

KWL 활동 이해하기(전체)

교사는 KWL이 어떤 의미이고 수학책을 읽고 KWL 차트로 정리하면 어떠한 점이 좋은지 설명하고, 활동지를 배부한다.

- **KWL 활동 이해하기**

    KWL이란 주제에 내해 일고 있는 것, 알고 싶은 것, 새롭게 알게 된 것을 읽고 조직하는 활동으로, 배경지식을 활성화하고 내용을 구조화할 때 유용하다.

- **학습 주제 결정**

    학습지를 받은 학생은 수학 교과서의 집합과 명제, 지수와 로그, 수열,

함수 네 개의 단원을 훑어보며 학습할 주제를 결정한 후, K-W-L 격자의 제일 윗부분에 중심 주제를 쓴다.

- 주제: 함수
- 주제 선정 이유: 함수는 실생활에서 많이 쓰이기 때문에 골랐다.

K 알고 있는 것을 기록하기(개별)

학생들에게 주제에 관해 알고 있는 것을 생각하게 하거나 개별 브레인스토밍한 내용을 K(알고 있는 것) 항목에 기록하게 한다.

- 나는 함수의 기본인 정의역과 치역에 대해 알고 있다.
- 나는 함수 파트 중 합성함수, 역함수, 우함수, 기함수에 대해 알고 있다.

W 알고 싶은 것을 기록하기(개별)

알고 싶은 걸 생각해 보고 기록하게 한다. W 단계에서 주제에 대해 알고 싶은 것이 없는 학생에게는 '알아야 할 것'을 쓰도록 한다. 알고 싶은 것은 없어도 수업이기 때문에 '알아야 할 것'은 있다.

- 함수와 방정식이 왜 세트 메뉴인지 알고 싶다.
- 수학자들이 어떻게 함수를 창조했는지 궁금하다.
- 함수가 어떤 면에서 실생활과 연관되어 있는지 알고 싶다.

질문에 대한 답을 찾으며 읽기(개별)

학생들에게 글을 읽게 한다. 그리고 질문에 대답할 수 있는 정보를 찾게 하여 주제에 대한 이해를 확장하도록 한다.

- **읽은 책**: 김승태. 디리클레가 들려주는 함수 1 이야기. 자음과모음. 22~102쪽

ㄴ 새롭게 알게 된 내용을 쓰기(개별)

글을 읽으며, 읽은 후 새롭게 알게 된 내용을 쓴다.

- 디리클레는 함수를 대응관계로 정의하여 단순한 계산으로서의 함수를 탈피시켰다.
- 물체를 던져 올렸을 때 경과한 시간에 대한 물체의 달라진 위치 등을 나타내는 것 그리고 자동차로 도로를 달릴 때 경과한 시간에 대한 자동차의 이동거리 등이 우리 실생활과 연관되어 있다.
- 이차함수인 $y=a(x-p)^2$의 그래프는 $y=ax^2$의 그래프를 x축이 방향으로 p만큼 평행이동한 것이고, 직선 $x=p$를 축으로 하고, 점(p, 0)을 꼭짓점으로 하는 포물선이기 때문에 그래프 모양이 $y=ax^2$의 모양과 같게 된 것을 알았다.

KWL 활동을 할 때 각 지점에서 학생들이 어려워했던 부분이 있었다. K에서는 주제와 관련하여 알고 있는 내용이 부족하여 어려움을 겪었다. 모둠학습을 하면 다른 친구가 부족한 배경지식을 채워줄 수 있지만, 개별학습의 경우 배경지식이 없는 학생들은 맨 땅에 헤딩하는 기분이었을 것이다. 이때 교과서나 제공된 자료의 목차를 훑어보며 관심 있는 키워드를 찾아 쓰도록 유도하거나, 주제와 관련하여 매체에서 보고 들은 것 등을 떠올리게 한다. 빈칸으로 남겨 두거나, 성의 없게 한 줄로 써놓은 문장을 지나치지 않도록 한다. 'W'에서는 만든 질문의 답을 책에서 모두 찾을 수 없는 경우가 있다. 이 경우 다른 책을 추가로 찾아볼 수 있음을 알려 준다.

교과 시간에 책을 읽고 독후감을 쓰게 하면, 식상해하고 지겨워하는 학생이 있다. 이런 학생에게 책을 읽고 KWL 차트를 작성하게 하면, 새로운 방식이라 그런지 학생이 재미를 느끼고 능동적으로 참여한다. 또한 KWL은 세 칸으로 나뉘어 있어서 백지에 쓰거나 타이핑할 때의 인지적 부담을 줄여 준다.

만약 KWL 차트 작성을 1차시로 짧게 진행한다면 발췌독으로 실시한다. 그러면 완독의 부담이 없기 때문에 학생들이 포기하지 않고 잘 참여한다. 긴 호흡의 책 읽기도 중요하지만, 발췌독도 필요하다. 짧은 호흡의 책 읽기로 독서의 근력을 꾸준히 키워 나가야 '한 권 읽기'란 높은 중량의 덤벨도 거뜬히 들 수 있기 때문이다.

KWL은 차트 작성에서 끝낼 수 있지만 추가 활동으로 토론, 발표, 그리기를 할 수 있다. 과학 시간에 '과학자의 생애와 업적'을 주제로 KWL 차트를 작성하고 이를 토대로 타이포그래피로 표현하기, 음악 시간에 '국악의 계승과 발전'을 주제로 KWL 차트를 작성하고 이를 활용해 국악신문 만들기 등 KWL은 여러 교과에서 활용 가능하다.

학생이 작성한 KWL 차트

◆ KWL을 지도할 때 참고하기 좋은 자료

『교과 독서와 세상 읽기』 이경화 지음 | 박이정

KWL 활동지

탐구하고 싶은 주제와 선정 이유를 쓴 후 자료를 찾아 읽고,
KWL 차트를 작성하세요.

주제	
주제 선정 이유	

K W L		
Know	Want	Learned
이미 알고 있는 것	궁금한 것 또는 알아야 할 것	알게 된 것
・	・	・
・	・	・
・	・	・

출처	서명	저자명	출판사	참고한 페이지

읽기 과정을 한눈에 들어오게 정리해요: 그래픽 조직자

눈에 보이지 않는 읽기의 과정을 학생 스스로 확인하게 하려면 어떻게 해야 할까? 텍스트를 읽으며 내용을 구조화, 시각화하도록 한다. 글이나 말하고자 하는 내용을 시각 및 언어로 표현하는 그래픽 조직자Graphic Organizer를 활용하는 것이다.

그래픽 조직자의 장점은 여러 가지다. 첫째, 글을 오래 기억하고, 학습 내용 간의 연결 관계를 이해할 수 있게 해 준다. 둘째, 읽기 과정이 시각화되어 있어서 교사의 중간 수업관찰과 결과물 검토 및 피드백에 용이하다. 셋째, 학습동기 부여가 중요한 중하위권 학생들의 교과독서에 도움이 된다. 자료와 함께 그래픽 조직자를 제시하면 관심과 집중력이 커져 글을 즐겁게 읽을 수 있다. 넷째, 중요하지 않은 세부 정보에 관심을 보이는 느린 학습자들은 그래픽 조직자를 활용해 체계적으로 읽은 내용을 정리하여 저장할 수 있다.[9] 개념들의 위계적 관계를 시각화하는 과정을 통해 의미 있고 중요한 것과 부수적이고 덜 중요한 내용을 구분하는 눈을 갖게 된다.

그래픽 조직자는 정보가 소식되는 개념/정의, 문제/해결, 원인/결과, 비교/대조, 열거 다섯 가지의 틀을 활용한다. 예를 들어, 학생들이 '동물복지'에 대한 글을 읽는다면 먼저 어떤 틀이 이 텍스트에 가장 적합할 것인지 생각해 보아야 한다. 어떤 글이 동물복지에 대한 일반적 정보를 제공한다면 '개념/정의'의 틀로 생각해야 한다. 동물복지의 사회적 갈등과 관련한 문제라면 '문제/해결'의 틀로 생각해야 하고, 동물복지와 동물보호의 공통점과 차이점을 묘사한다면 '비교/대조'의 틀로 생각해야 한다. 만일, 유기동물 이슈에 관한 이야기라면 '원인/결과'의 틀로 생각해야 하고, 동물법 개정의 역사를 다룬다면 '순서'의 틀로 다룬다. 정보가 조직되는 보편적 방법인 다섯 가지 글의 틀을 고려한 그래픽 조직자는 다음과 같다.

그래픽 조직자의 유형

명칭	구조	뜻	그래픽 조직자
계층구조도	개념/정의	개념의 특징, 속성, 기능, 예를 찾아 구조화하도록 도와준다.	
방사형 spider-map	문제/해결	사건의 주요 문제점을 찾아 그에 대한 해결 방법을 작성하도록 도와준다.	
피쉬본 fishbone	원인/결과	사건의 과정 속에서 어떤 원인(사건)이 서로 영향을 주는지(결과)를 보여 준다.	

벤다이어그램 venn diagram	비교/대조	사물이나 사고의 대상을 유사점과 차이점의 관점에서 바라보도록 도와준다.	(속성 / 속성 / 속성 벤다이어그램)
순서도 timeline	열거	사건의 흐름이나 순서를 나타낼 때 사용한다.	(속성 → 속성 → 속성)

    그래픽 조직자는 학생들에게 익숙하지 않다. 글에서 말하고자 하는 내용을 파악하기도 벅찬데, 구조까지 고려하라고 하면 어렵게 느껴질 것이다. 그래서 학생들이 그래픽 조직자를 제대로 활용할 수 있도록 그래픽 조직자의 목적, 특성, 작성 방법에 대한 정보를 우선 제공하는 것이 좋다. 그래픽 조직자의 작성 방법은 크게 두 가지로 나눌 수 있다. 첫째, 교사가 빈 양식의 그래픽 조직자를 사전에 준비하여 제공하고 내용을 채우는 방식이다. 둘째, 정보자료를 주면 학생이 자유롭게 그래픽 조직자를 작성하는 방식이다. 두 가지 방식 모두 학생이 그래픽 조직자에 대한 사전 지식을 갖고 있어야 효과가 있다.

    그래픽 조직자 수업을 할 때의 지도 절차는 다음과 같다. 첫째, PPT로 그래픽 조직자 작성하기 활동에 대해 소개한 다음, 정보가 조직되는 보편적인 방법인 4~5개의 틀을 보여 주며 각각의 용도를 설명한다. 둘째, 오늘 다룰 내용에 적합한 그래픽 조직자는 무엇일지 질문을 던지고 그 답을 찾도록 한다. 셋째, 자료를 읽고, 그래픽 조직자의 내용을 채우거나 그래픽 조직자를 그리도록 한다.

그래픽 조직자 이해하기	전체
↓	
학습에 활용할 그래픽 조직자 파악하기	개별 또는 모둠
↓	
자료를 읽고 그래픽 조직자의 내용을 채우거나 그리기	개별 또는 모둠
↓	
그래픽 조직자 공유하기(발표 또는 전시)	전체

꿀팁

구글 드로잉 도구(25 FREE Google Drawings graphic organizers)를 활용하면 다양한 그래픽 조직자를 무료로 내려받아 활동지를 쉽게 만들 수 있다.

정보 시간에 사이버범죄 예방을 주제로 텍스트를 읽고, 방사형 스파이더 맵Spider-map을 활용했다. 스파이더 맵은 특정 정보를 확인하여, 주제별 정보를 조직할 때 효과적인 그래픽 조직자이다. 사이버범죄는 실세계에서 빈번하게 발생하는 생활 속 문제이다. 학생들이 문제 상황에서 해결에 필요한 지식을 꺼내 쓸 수 있게 하려면 학생들을 제대로 공부시켜야 했다. 수업은 사이버범죄 관련 탐구 주제를 고르는 것부터 시작했다. 그런 다음 책을 중심으로 정보를 찾되 책에서 찾지 못한 정보는 인터넷을 활용하도록 했다. 활용 가능한 정보원의 순서를 정한 이유는 익숙한 정보원인 인터넷만 활용하는 것을 방지하기 위해서다. 수업 시간만큼은 다양한 정보원을 활용할 수 있도록 지도할 필요가 있다. 스파이더 맵의 지도 절차는 다음과 같다.

스파이더 맵 이해하기(전체)

스파이더 맵 활동지를 배부하고, 작성 방법에 대해 설명한다.

- **스파이더 맵**Spider-map**이란?**
  특정 정보를 확인하여 주제별 정보를 조직할 때 효과적인 그래픽 조직자를 말한다. 사이버범죄에 대해 작성한다면, 정의, 현황, 수법, 처벌, 신고법을 모두 찾아 읽고 정리한다.
- **탐구 주제 선택**: 사이버범죄의 종류를 확인한 후 탐구하고 싶은 주제를 고른다.
  - ☐ 사이버 스토킹·사이버 명예훼손   ☑ 사이버 사기
  - ☐ 악성프로그램·디도스·랜섬웨어   ☐ 파밍·스미싱·피싱
  - ☐ 사이버 폭력   ☐ 해킹

책과 인터넷을 활용해 스파이더 맵 작성하기(개별 또는 모둠)

사이버범죄 관련 도서 중 마음에 드는 것을 골라 읽는다. 목차와 색인을 활용하여 주제와 관련된 부분만 발췌해서 읽고 스파이더 맵을 작성한다. 책에서 찾지 못한 항목, 최신성이 중요한 '현황', '처벌'과 같은 요소는 인터넷을 활용해 관련 자료를 찾는다.

- 정의(개념)
  - 인터넷이란 사이버 공간을 활용해 사기 행위를 벌이는 범죄이다.
  - 사람을 기만하는 행위가 존재하고, 이러한 기만 행위로 인해 피해자의 재산상 손해와 가해자의 재산상 이익이 인터넷을 이용해 발생한다면 인터넷 사기가 성립한다.
- 현황: 발생 건수 2020년 기준 17만 4천 건, 5년 사이에 73% 폭증
- 수법 및 특징

  티켓 등을 판매하는 척 피해자에게 접근해 돈을 받은 뒤 자치를 감추는 수법을 주로 사용한다. 대포폰, 대포통장을 사용하는 경우가 많으며 거래 도중 얻은 피해자의 정보를 협박 도구로 삼아 2차 피해가 발생하기도 한다. 종류로는 인터넷 경매 사기, 인터넷 서비스 사기, 인터넷 금융 사기가 있다.
- 신고 방법

  사이버 수사대 사이트나 전화를 통해 사기 피해 사실을 신고한다. 사기

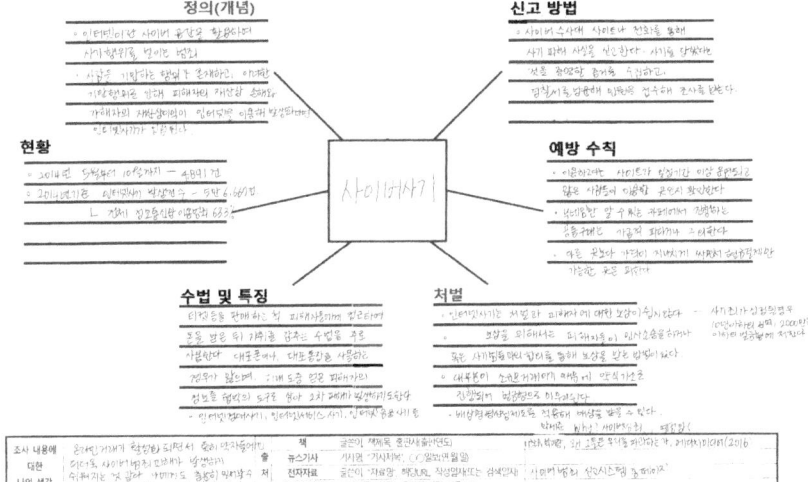

를 당했다는 것을 증명할 증거를 수집해 경찰서를 방문하여 민원을 접수하면 조사를 시작한다.

- **예방 수칙**
  - 이용하려는 사이트가 일정 기간 이상 운영되고 많은 사람들이 이용한 곳인지 확인한다.
  - 닉네임만 알 수 있는 카페에서 진행하는 **공동구매**는 가급적 피하거나 주의한다.
  - 다른 곳보다 가격이 지나치게 싸면서 현금 결제만 가능한 곳은 피한다.
- **처벌**
  - 인터넷 사기는 처벌과 피해자에 대한 보상이 쉽지 않다. 사기죄가 성

립되면 10년 이하의 징역 또는 2,000만 원 이하의 벌금형에 처한다.
- 보상을 위해서 피해자가 민사소송을 하거나 혹은 사기범과 합의를 통해 보상을 받는 방법이 있다.
- 대부분 소규모 거래이므로 약식기소로 진행되어 벌금형으로 마무리 된다.
- 배상명령신청제도를 통해 배상 받을 수 있다.

나의 생각과 출처 쓰기(개별 또는 모둠)

'나의 생각'과 '출처'를 쓰고 마무리하도록 한다. 과제를 다했다며 놀고 있는 학생이 작성한 스파이더 맵부터 확인한다. 정확한 내용을 썼는지, 출처를 기재했는지 확인하고 잘못 쓴 경우 피드백을 통해 바로 고치도록 한다. 책에 있는 내용을 단순히 옮기는 것에 그치는 활동이 되지 않기 위해 조사 내용에 대한 자신의 생각을 쓰게 한다.

- **조사 내용에 대한 생각**

  온라인 거래가 활성화되면서 특히 약자들에게 사이버범죄 피해가 더 발생되고 있다. 나에게도 충분히 일어날 수 있기 때문에 조심해야겠다는 생각이 든다.

- **출처**

- 박세준. WHY? 사이버 범죄. 예림당(2021)

- 이창무. 박미랑. 왜 그들은 우리를 파괴하는가. 메디치미디어(2016)

- 경찰청. "사건 처리 절차 안내". ecrm.police.fo.kr. 2023.05.03

그래픽 조직자를 지도할 때 학생들이 완성한 그래픽 조직자 자체가 학습 결과이므로 제시된 항목을 공란 없이 쓰도록 강조한다. 간혹 질문에 대한 답을 한 단어, 한 문장으로 성의 없이 작성하는 학생이 있다. 자료를 활용해 읽고 새롭게 탐구한 내용이 아닌 자신의 생각(뇌피셜)만 써 놓고 다했다고 노는 학생도 있는데, 이를 적절한 반응으로 수용해서는 안 된다. 예를 들어 사이버범죄의 대응 방법에 "112에 신고한다." 현황에 "점점 심해지고 있다."라고 쓴 경우, 틀린 답은 아니지만 좀 더 깊이 있는 공부가 되도록 구체적인 예시를 찾아서 다시 쓰도록 지도한다. '디도스(DDOS)' 예방 수칙을 "소프트웨어 설치 및 최신버전 업데이트"라고 썼다면 더 기술하고 설명하도록 격려한다. 디도스(DDOS)를 막기 위해 구체적으로 어떠한 소프트웨어를 설치해야 하는지 뒷받침하는 설명과 예시를 찾아 써야 한다.

🔖 그래픽 조직자를 지도할 때 참고하기 좋은 자료

『느린 학습자를 위한 문해력』 박찬선 지음 | 학교도서관저널

『모두가 즐거운 학생 참여형 수업 싹쓰리』 우치갑 외 지음 | 디자인봄

『정보활용 교육론』 이병기 지음 | 태일사

스파이더 맵 그래픽 조직자 활동지

1. 탐구하고 싶은 주제를 쓰세요.

2. 선택한 주제의 정보를 책과 인터넷에서 찾아 기록해 보세요.

3. 조사 내용에 대한 나의 생각을 쓰세요.

4. 활용한 자료의 출처를 빈칸에 쓰세요.

정보원	출처 예시	활용한 자료의 출처
책	글쓴이. 책제목. 출판사(출판연도)	
뉴스 기사	기자명. "기사제목". ○○일보(연.월.일)	
전자자료	글쓴이. "자료명". 해당 URL. 작성일자 (또는 검색일자)	
온라인 사전	사전이름. "항목". 온라인 사전 이름. URL	

이야기 구조를 파악해요: 이야기별 그리기

학생들은 머릿속에서 이뤄지는 읽기의 과정을 눈으로 확인하고 싶어 한다. 어릴 때부터 친숙하게 읽고 자란 이야기도 마찬가지다. 비문학을 읽을 때 배경지식과 연결 짓고 질문을 던지며 읽듯이, 이야기 위주로 구성된 글을 읽을 때 적용할 수 있는 다양한 전략이 있다. 그중 '이야기별 그리기'는 이야기를 구성하는 핵심 요소(인물, 배경, 사건, 갈등, 해결 과정)를 중심으로 글의 구조를 파악할 수 있게 도와준다. 이러한 이해를 바탕으로 이야기 구조를 요약 및 정리한다면 시각적으로 표현하기 쉬워진다.

| 이야기의 핵심 요소

- **누가**: 중심인물과 주변인물을 구별하여 쓴다.
- **언제**: 사건 발생 시간 또는 그 사건이 일어났을 때를 이야기 상황에 알맞게 판단하여 나타낸다.
- **어디서**: 글을 읽어가며 인물들 간에 일이 일어나는 장소를 찾아 쓴다.
- **무슨 일**: 등장인물 간에 어떤 일이 있었는지 사건 흐름에 맞게 쓴다.
- **어떻게**: 인물들 간에 있었던 가장 중요한 사건이 이야기 끝에 어떻게 해결되는지 파악하여 쓴다.
- **주제**: 글을 읽고, 이야기가 왜 이렇게 전개되었는지 지은이의 의도를 파악한다.

사건의 경우 발단이 되는 사건부터 번호를 매겨 작성하고, 인물의 갈등은 내적 갈등인지, 외적 갈등인지, 인간과 자연의 갈등인지 살펴보게 한다. 이야기 구조 이해하기의 지도 절차는 다음과 같다.

활동 알기	전체
↓	
책 선정하기	개별
↓	
이야기 구조 및 주제 파악하기	개별
↓	
토의하기	모둠별

'고전 읽기' 교과에서 불평등을 주제로 한 문학작품을 읽고, 이야기 구조 파악하기 활동을 했다. '불평등'을 교육 불평등, 소득/경제 불평등, 민족/인종 불평등, 식량 불평등, 재난/기타 불평등 6개의 주제로 나눠 관심 있는 주제를 골라 이야기를 읽고, 이야기별을 그리며 이야기의 구조를 이해하는 방식으로 진행했다.

활동 알기(전체)

교사는 희곡 『인형의 집』을 예시로 작성한 이야기별을 보여 주며, 글의 구조를 파악하는 과정을 시연한다. 학생은 이야기 한 편을 하나의 구조로 보고, 어떤 하위 요소로 이루어졌는지 이해한다.

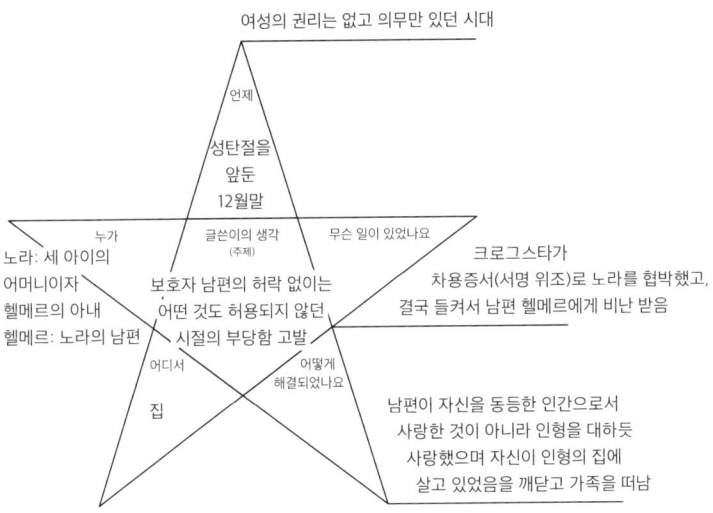

불평등 관련 이야기 책 선정하기(개별)

학생은 불평등한 사회구조를 다루거나 고발하는 고전소설을 고른다. 교사가 미리 학생들의 흥미와 수준에 맞는 불평등 관련 이야기책을 모둠별로 10권 정도 뽑아 제공하면 책 읽는 시간을 좀 더 확보할 수 있다.

- 관심 주제: 계급 불평등
- 선정한 도서: 조지 오웰. 동물농장. 민음사

이야기 구조 및 주제를 파악하여 이야기별 그리기(개별)

핵심 요소를 중심으로 이야기 구조를 파악했다면, 학생들에게 이야기의 구성 요소를 활동지에 정리하도록 한다. 그리고 별 가운데에 지은이가 전달하고자 하는 중심 생각을 요약하거나 인물 간의 갈등 해결을 통해 작가의 의도를 파악하여 주제를 쓰도록 한다. 계급 불평등을 택한 학생에게 『동물농장』을 읽고 이야기의 구조를 파악하여 이야기 구성 요소를 작성하게 한다.

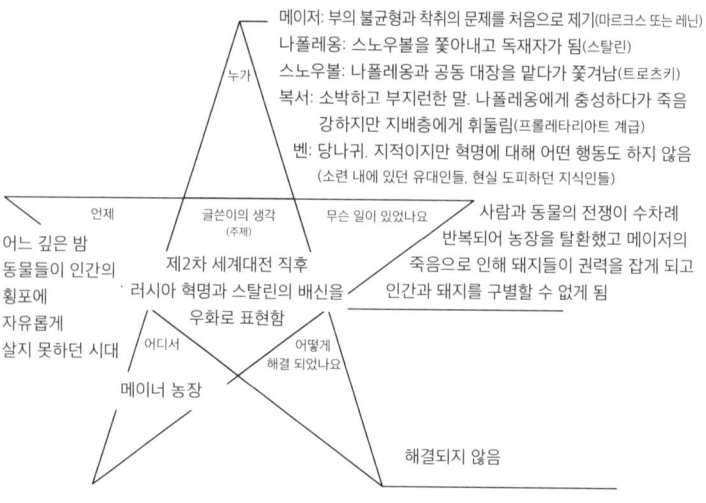

토의하기(모둠별)

이야기에서 다루는 불평등한 사회구조가 무엇인지 파악하고,

불평등한 사회구조 개선 방안에 대해 탐구 또는 토의한다. 개선 방안은 정책, 제도적 측면과 개인적 사고방식을 중심으로 구체적으로 작성한다.

- 작품에서 다루는 불평등한 사회구조가 무엇인지 파악하기
  - ☐ 장애 여부 불평등 ☐ 재난·건강 불평등 ☐ 경제·소득 불평등
  - ☐ 민족·인종 불평등 ☐ 교육 불평등 ☑ 기타: 계급 불평등
- 불평등한 사회구조 개선 방안

  계층의 차이로 인한 기회의 불평등에 의해 노력에도 불구하고 성공을 거두지 못한다면 노력하려는 사람이 없을 것이고 사회는 발전하지 못할 것이다. 이를 개선하려면 공정한 절차만을 필요로 하고 과도한 차별을 막기 위해 교육이나 건강을 위한 정부의 지원 등이 필요할 것이다. '동물농장'의 경우 지도자 역할을 하는 동물을 주기적으로 바꾸거나 나머지 동물들의 투표 등의 방법을 통해 독재를 막아야 한다.

'이야기 구조 파악하기' 활동을 지도할 때 주의사항이 있다. 첫째, '누가'의 경우 중심인물과 주변인물로 나눠 기록하도록 강조한다. 나눠 쓰라고 강조하지 않으면 학생들은 주인공 1명에 대해서만 찾아 쓴다. 예를 들어 『동물농장』을 읽고 '누가'에 중심인물인 '나폴레옹'만 썼다면, 주변 인물인 '복서'와 '벤'의 성격도 파악하여 쓰

게 하는 것이다. 둘째, '무슨 일'을 진술할 때는 시간의 흐름이나 이야기 흐름에 맞게 번호를 붙여가며 쓰거나, 사건의 진행 과정을 화살표로 나타내도록 한다.[10] 한 개의 주요한 사건만 파악하여 작성하면 서사구조를 통합적으로 파악할 수 없다. 셋째, 한 권의 책을 처음부터 끝까지 읽을 시간이 없다면 흥미롭게 읽을 수 있는 국내 현대 단편소설을 읽는 것이 좋다. 김동식의 『회색 인간』 같은 단편소설은 비독자 학생도 재미있게 읽는다.

'이야기 구조 파악하기'를 마치면, 후속 활동으로 '이야기 만들기'가 가능하다. 학생들에게 정리한 이야기 구조도를 모델 삼아 직접 이야기를 만들어 보도록 한다. 예를 들어 수학 시간에 수학 소설을 읽고 등장인물과 중요 사건과 장면을 요약하고, 흥미로운 수학 대화 장면을 기록하는 것이다. 이를 토대로 수학 소설 플롯을 짜서 짧은 수학 이야기를 쓰게 할 수 있다.

이야기 구조 파악하기를 지도할 때 참고하기 좋은 자료

『활동 중심 독서 지도』 천경록 외 지음 | 교육과학사
『야무지게 읽고 쓰는 문해력 수업』 박현수 지음 | 기역(ㄱ)

이야기 구조 파악하기 활동지 '이야기별 그리기'

1. 탐구 주제를 쓰세요.

2. 주제 학습을 위해 선정한 이야기책의 서지정보를 쓰세요.

도서명	저자명	출판사	읽은 페이지
			( )~( )쪽

3. 책을 읽고, 이야기의 구성 요소를 생각하며 '이야기별'을 완성하세요.

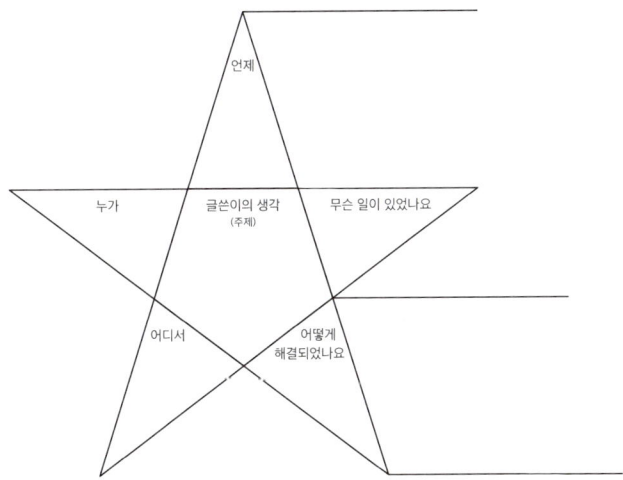

4. 이야기를 읽고, 주제에 대한 자기 생각(아이디어)을 쓰세요.

활동명	불평등 구조를 다룬 고전 읽기		
작성자	고등학교 2학년 ( )반 ( )번 이름 : ( )		
읽은 책	서명	저자명	출판사
	흥부전	이명구 해도	하서
읽은 페이지	(5)~(96)쪽		

[이야기 구조도(이야기 별) 예시]

누가 중심 인물과 주변인물 구별하여 쓰기
언제 사건 발생 시간 또는 그 사건이 일어났을 때를 이야기 상황에 알맞게 판단하여 나타내기
어디서 글을 읽어가면서 인물들 간에 일이 일어나는 장소 찾아 쓰기
무슨 일 등장인물 간에 어떤 일이 있었는지 사건 흐름에 맞게 쓰기
어떻게 인물들 간에 있었던 가장 중요한 사건이 이야기 끝에 어떻게 해결되는지 찾아서 쓰기
느낌 글을 읽고 이 글을 쓴 지은이의 의도가 무엇인지 자기 생각과 함께 나타내기

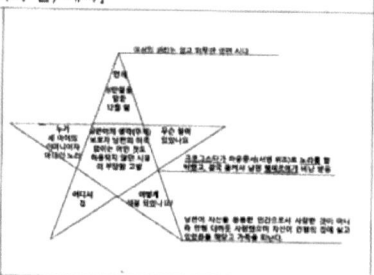

1. 불평등한 사회구조를 다루거나 고발하는 고전(고전/현대, 문학/비문학)을 선정하여 읽고, 이야기를 구성 요소를 생각하며 이야기 별을 완성하세요.

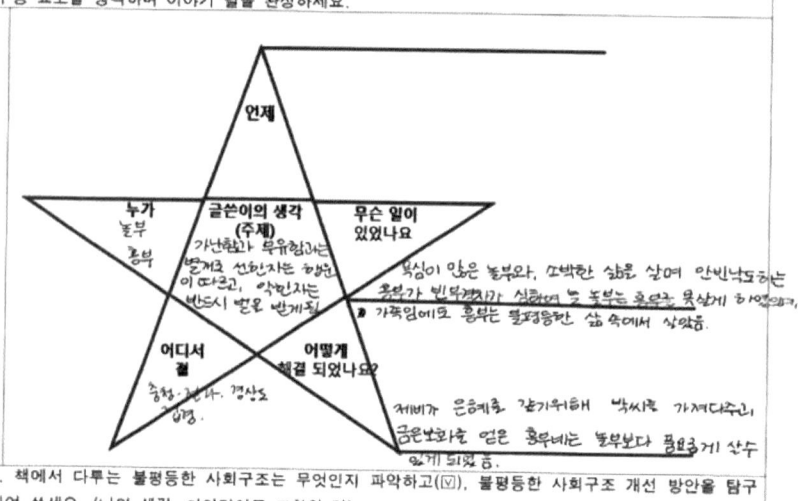

2. 책에서 다루는 불평등한 사회구조는 무엇인지 파악하고(☑), 불평등한 사회구조 개선 방안을 탐구하여 쓰세요. (나의 생각, 아이디어도 포함할 것)

☐ 장애불평등　☐ 교육불평등　☑ 경제/소득불평등　☐ 민족/인종 불평등
☐ 식량불평등　☐ 재난/건강불평등　☐ 기타 : _____

불평등한 사회 구조 개선 방안 :

소설 속에서는 제비가 등장하지만, 제비의 역할을 해야하는 것이 정부라고 생각한다. 제비가 박을 가져다주었듯이, 정부가 경제적으로 불평등한 사람들에게 지원을 제공, 일자리 제공 등 좋은 돈을 빌 수 있게 혹은 최대한의 인간다운 삶을 영위할 수 있게 도와야한다고 생각한다.

교과 핵심어를 중심으로 읽어요: 열 개의 핵심어

책의 내용을 요약하는 활동은 읽은 내용에 대한 학생의 이해를 반영하는 것으로 다양한 전략을 사용할 수 있다. 요약하기의 여러 방법 중 단어 감각을 정교하게 기를 수 있도록 도와주는 '열 개의 핵심어' 전략은 특히 유용하다. 열 개의 핵심어는 비문학을 읽고, 정보를 중심으로 글의 구조와 설명 방식을 이해하여 자신의 말로 요약하는 활동이다. 학생들은 단어를 찾아 써야 한다는 의무감 때문에 좀 더 적극적으로 읽고, 내용에 대해 깊이 생각하게 된다.

고전 읽기 교과에서 불평등 구조를 다루는 비문학을 읽고, 열 개의 핵심어로 요약하기 활동을 했다. 이 수업에서는 주제 학습을 위해 각자 원하는 책을 골라 읽었다. 열 개의 핵심어 활동 절차는 다음과 같다.

열 개의 핵심어 활동 이해하기	전체
↓	
책 선정하여 읽기	개별
↓	
열 개의 핵심어를 뽑기	개별
↓	
핵심어로 문장 만들기	개별
↓	
토의하기	모둠

열 개의 핵심어 활동 이해하기(전체)

『선량한 차별주의자』를 예시로 열 개의 중요 단어를 선정하고, 한 문장으로 요약하는 방법을 설명한다. 학생들이 중요 단어를 활용해 한 문장으로 요약문을 작성할 때, 교사는 중요 단어의 개수를 정해서 알려 주는 것이 좋다. 예를 들어 '5개 이상의 중요 단어를 활용할 것'이라는 조건을 주면 학생들은 핵심어를 좀 더 면밀히 관찰한다.

- **책에서 가장 중심적인 아이디어를 담고 있는 단어 10개 찾아 쓰기**

차별 성소수자 장애인 여성 이주민 논쟁 공정 다양성 평등 능력주의

- **중요 단어를 활용해 한 문장으로 된 요약문 만들기**

『선량한 차별주의자』에서는 여성, 장애인, 성소수자, 이주민과 같은 약자와 관련된 사건과 논쟁의 사례를 제시하며 능력주의를 해체하고, 진정한 공정과 평등, 다양성을 찾아가는 과정을 통해 차별하지 않는 것이 값지다는 사실을 보여 준다.

책 선정하여 읽기(개별)

불평등한 사회구조를 다루거나 고발하는 책을 교사가 제시하거나 학생이 스스로 정해 읽도록 한다.

- **탐구 문제**: 장애 여부에 따른 불평등
- **선택한 도서**: 오찬호. 지금 여기, 무탈한가요?. 북트리거. 104~118쪽

열 개의 핵심어 뽑기(개별)

책을 읽으며 책에서 다루는 불평등 관련 키워드를 찾아 쓰고, 언급된 쪽수를 쓴다.

핵심단어	쪽수	핵심단어	쪽수
장애인	104	불편	107
특권	105	역차별	111
호의	104	고정관념	113
일상	106	도움	114
자유	107	현실	114

핵심어를 활용해 문장 만들기(개별)

중요 단어를 활용해 한 문장으로 요약한다. 수업 주제나 상황에 따라 여러 문장으로 요약할 수 있다.

- **한 문장으로 요약하기**

  『지금 여기, 무탈한가요?』에서는 장애인에 대한 사회적인 여러 조치를 특권이나 호의로 보지 말고, 그들이 평소 겪었던 불편과 역차별을 타파해 일상에서 자연스러운 자유를 느끼도록 도움을 주자고 주장한다.

토의하기

단어를 활용해 요약문을 쓰는 것에서 활동을 마칠 수 있지만, 후속 활동으로 모둠별 토의를 했다. 학생들에게 책에서 다루는 불평등한 사회구조는 무엇인지 파악하고, 불평등한 사회구조 감소 방안을 제도적·정책적·개인적 실천 방안을 중심으로 작성하도록 한다.

- **대응 방안**

  책에서 소개하는 장애 불평등의 사회 구조로는 승강기가 없는 지하철 역에서의 휠체어 이동권 제약, 여러 대중교통을 이용하거나 도서관에 가고 싶어도 쉽게 가지 못하는 이동권 방해가 있다. 그리고 장애인에 대한 편견으로부터 비롯되는 취업의 불편함, 장애인 편의시설 설치에 대한 부정적인 반응도 존재한다. 이러한 사회구조를 개선하기 위해서 먼저 장애인에 대한 사회의 시선을 바꿔야 한다. 학교 등의 교육시설에서 장애에 대해 교육하고 활동하는 프로그램이 필요하다. 그리고 일상에서 사람들이 장애인을 만나고 상호작용하는 기회를 만들어 장애인이 비장애인과 크게 다를 것이 없다는 긍정적 시선을 만들 필요가 있다.

만약 모둠별로 동일한 자료를 읽는다면, 각자 뽑은 열 개의 단어를 모아 최종적으로 중요 단어 10개를 뽑는 활동을 할 수 있다.

학생들은 단어를 선택하기 위해 논의의 과정에서 단어를 자세히 관찰하게 된다. 학생들에게 아래의 질문 목록[11]을 제시하여, 단어를 면밀히 관찰하는 데 도움을 줄 수 있다.

- 어떤 단어가 가장 많이 선택되었는가?
- 왜 그 단어가 많은 학생의 선택을 받았을까?
- 소수의 학생만이 선택한 특이한 단어로는 어떤 것이 있는가?
- 왜 그 학생은 이 단어를 선택했을까? 이 단어의 의미는 무엇인가?

수업 시간에 한 권의 책을 처음부터 끝까지 온전히 읽을 수 있는 교과는 현실적으로 많지 않다. 그렇기 때문에 비문학을 읽을 때 주제별로 챕터가 명확히 나뉜 책을 읽는다. 이런 책이 아닌 경우 교사가 사전에 책을 읽어 보고 필수로 읽어야 할 페이지를 지정하여 열 개의 핵심어 활동을 할 수 있다.

열 개의 핵심어 후속 활동으로 단어를 이용한 퀴즈 대회, 가장 재치 있는 문장 선정하기, 이후의 이야기 만들어 보기를 할 수 있다. 특히 열 개의 핵심어 활동은 과학 교과에서 과학의 눈으로 책 한 권을 뜯어볼 때 유용하다. 과학 도서를 읽고, 열 개의 핵심어를 자세히 관찰하고 뜻을 파악하면 과학 어휘력이 높아져 그만큼 과학 학습에서 유리해진다. 과학탐구실험 시간에 '기후 위기' 관련 도서를 읽는다면 기후 위기와 관련해 자주 등장하는 키워드를 쓰고, 언급된 해당 페이지를 기록하여 책 내용을 탐색하게 한다. 이를 토대로 기후 위기 관련 과학적 사실을 찾아 쓰고, 기후 위기의 심각성에 대한 생각을 정리해서 쓰는 활동을 해 볼 수 있다.

📖 **열 개의 핵심어로 요약하기를 지도할 때 참고하기 좋은 자료**

『학습부진 및 난독증 학생을 위한 읽기 이해 교수방법』
Ruth Helen Yopp, Hallie Kay Yopp 지음 | 학지사

열 개의 핵심어 활동지

열 개의 핵심어 활동지

탐구 주제	서명	저자명	출판사
읽은 페이지	( ) ~ ( ) 쪽		

1. 열 개의 중요 단어를 쓰세요.

책에서 다루는 불평등 관련 키워드를 찾아 쓰고, 언급된 쪽수를 적으세요.

예) 차별금지법 192쪽, 다문화주의 132쪽

핵심단어	쪽수	핵심단어	쪽수

2. 중요 단어를 활용하여 한 문장의 요약문을 쓰세요.

※ 한 권의 책을 읽는 경우, 각 장별로 중요 단어를 정리하고 요약문을 작성한다.

열 개의 핵심어 활동지(예시)

읽은 책	서명	저자명	출판사
	다르지만 다르지 않습니다.	류승연	생각
읽은 페이지	(44)~(137)쪽		

[열 개의 중요 단어 예시]

1. 책에 나오는 가장 중심적인 아이디어를 담고 있는 단어 10개를 선택한다.

> 차별 성소수자 장애인 여성 이주민
> 논쟁 공정 다양성 평등 능력주의

2. 10개의 중요단어를 활용해 한 문장의 요약문을 쓴다.

요약문장: <선량한 차별주의자>에서는 여성, 장애인, 성소수자, 이주민에 관련된 사건과 논쟁의 사례를 제시하며 능력주의를 해체하고, 진정한 공정과 평등, 다양성을 찾아가는 과정을 통해 차별하지 않는 것이 값지다는 사실을 보여준다.

불평등한 사회구조를 다루거나 고발하는 고전(고전/현대, 문학/비문학)을 선정하여 읽고, 활동지를 작성하세요.

1. 열 개의 중요단어를 쓰세요.

책에서 다루는 불평등 관련 키워드(핵심 단어)를 찾아 쓰고, 언급된 쪽수를 적으세요.
⑩ 차별금지법 192쪽, 다문화주의 132쪽

핵심단어	쪽수	핵심단어	쪽수
발달장애인	44	비장애인	98
특별한 것	74	자기결정권	111
장애인	81	다른 것	135
친권자	86	이해	137
가치 판단	87	불행	57

2. 10개의 중요단어를 활용하여 한 문장의 요약문을 쓰세요.

<다르지만 다르지 않습니다.>에서는 발달장애인의 가족들 불행하지 않고, 장애가 '특별한 것'으로 인식되는 것, 비장애인과 장애인은 서로 보듬어야 한다는 것, 자기결정권을 제한하지 않고 '다른 것'이라고 생각하지 않으며 이해하는 것, 그리고 편견없는 세상의 속 시원하면 참 좋겠다는 이야기를 한다.

3. 책에서 다루는 불평등한 사회구조는 무엇인지 파악하고(☑), 불평등한 사회구조 개선 방안을 탐구하여 쓰세요.(나의 생각, 아이디어도 포함할 것) *부모님, 가족들 등에 대해서도 이야기한다.*

☑ 장애라는 것이 편견, 거부감, 부정적인 느낌을 가지는 것.

불평등한 사회구조 개선 방안: 장애에 대한 편견 없는 세상에서 살고 싶다면 그것이 내게 있는 장애든, 내 자신에게 있는 장애든, 내 친구에게 있는 장애든 누구나 당황이 안 하고 일상적으로 거론될 수 있어야 한다고 생각한다. 장애인을 장애인이라 부르는데 껄끄런 사회가 되어서는 안 된다. 장애인이 단지 어떤 사람의 현재 상태를 나타내는 말이기를.

자료를 줍줍할 때 정보를 찾는 문해력

1학년 미술 교과에서 '한국미술사 주제 중심 발표'를 과제로 부여하고, 수행평가를 실시했다. A 학생은 이중섭의 대표작과 가족들에게 보낸 편지를 엮은 『이중섭 1916-1956 편지와 그림들』과 『황소의 혼을 사로잡은 이중섭』을 읽고, 감상을 버무려 자료를 발표했다. B 학생은 나무위키(www.namu.wiki)에서 '이중섭'으로 검색한 후 '복사하여 붙여넣기'를 통해 5분 만에 과제를 끝냈다.

교사들은 학생들이 A 학생처럼 주제 관련 텍스트를 읽고, 쓰며 공부하기를 바라는 마음으로 학생들에게 '주제 중심 발표', '주제 중심 보고서 쓰기' 과제를 부여한다. 하지만 결과물을 받아서 보면 B 학생처럼 부정확한 정보를 활용하고, 붙여넣기를 반복하여 과제를 해결한 경우가 90% 이상이다.

A 학생을 유토피아가 아닌 교실에서 보려면 자료 조사 방법을 어떻게 지도해야 할까? 책과 인터넷에서 양질의 정보를 어떻게 찾는지, 탐색한 정보를 어떻게 평가하고 관리하는지, 여러 사이트에서 얻은 정보를 통합하는 방법, 표절 예방을 위한 출처 표시 방법을 학생들에게 알려 주면 된다. 교과 주제와 관련된 찾기 방법을 알려 주면 학생들은 직관적으로 '알아서', '눈치껏' 해왔던 과제 해결 과정의 막막함을 줄이고, 자료를 찾아 글을 쓰며 공부할 수 있다.

교과 주제를 공부할 수 있는 책을 찾아요: 책 찾기

읽기에 앞서 모든 자료의 기본이 되는 책에 접근하는 방법을 알아 두면 좋다. 디지털 환경에 다양한 형태의 최신 정보들이 넘쳐나지만, 책은 여전히 최고의 자료이기 때문이다. 새로 생성된 개념, 신조어가 아닌 이상 오랜 시간 쌓여 온 주제일 경우 책을 참고하는 것이 가장 정확하다. 또한 책으로 출간된 경우, 여러 단계의 검증을 통과한 정보일 가능성이 높아서 신뢰도가 높은 편이다.

책을 찾아 정보에 접근하는 방법은 크게 오프라인과 온라인으로 나눌 수 있다. 첫째, 학교도서관 서가에서 한 권의 책을 찾아 확장한다. 도서관은 분류법에 의해 000총류, 100철학, 200종교, 300사회과학, 400순수과학, 500기술과학, 600예술, 700언어, 800문학, 900역사 주제별로 책을 정리한다. 주제별로 자료를 한곳에 모으기 때문에 한 권의 책을 찾으면 비슷한 주제의 도서들을 찾기 쉽다. 한 권의 책 안에서 소개하는 다른 책을 찾아 읽고, 함께 진열되어 있는 책을 훑어보며 자료를 수집할 수 있다.

둘째, 학교도서관의 웹사이트_Digital Library System_를 활용한다. 학교도서관 웹사이트에서는 자료명, 저자명, 주제명으로 검색이 가능하다. 원하는 자료의 제목이나 제목의 일부분을 알고 있다면 자료명으로 검색하도록 한다.

셋째, 학교도서관에 마음에 드는 책이 없을 때에는 온라인 서점의 웹사이트에 접속하여 자료를 검색한다. 온라인 서점에서 책을 찾을 때에는 책을 검색하면 나오는 도서 목록 혹은 해당 책을 구매한 사람들의 제3의 도서들이 함께 노출되므로 이러한 목록들을 활용하면 도움이 된다.[12] 학교도서관 외에 공공도서관, 온라인 서점에서 학습에 필요한 도서를 찾는 학생들이 있을 텐데, 그들이 찾은 관련 도서가 알고리즘을 통해 보인다는 사실을 알려 준다.

도서관 서가에서 한 권의 책을 찾아 확장하기	개별
↓	
도서관과 서점의 온라인 목록을 활용하기	개별
↓	
찾은 책 소개하기	모둠별

일본어 교과 수행평가로 '독후감 작성을 위한 일본 관련 도서 찾기' 활동을 했다. 수행 과제를 보면 단순해 보이지만, 자신의 흥미와 수준을 고려한 책 찾기, 제대로 읽기, 독후감 쓰기 활동이 이뤄져야 과제를 제출할 수 있다. 책 선정이 성공적으로 이뤄지지 않으면 완독을 할 수 없고 독후감을 쓸 수 없다. 모든 정보 활용의 출발점은 정보 선택이기 때문에 책을 찾아 정보에 접근하는 방법에 대한 지도가 필요하다. 각 교과에 맞게 수업에서 학생들이 어떤 책을 찾게 할 것인가 생각해 보면 아이디어가 떠오를 것이다. 책 찾기의 지도 절차는 다음과 같다.

도서관 서가에서 책 찾기(개별)

빠른 시간 안에 원하는 일본 관련 도서를 찾기 위해 분류기호(책을 쉽고 빠르게 찾도록 지식 정보를 십진법의 순서로 세분화한 것)를 활용한다. 주제별로 자료를 한곳에 모아 두었기 때문에 한 권의 자료를 찾아 확장해 나간다.

- 일본문화에 관심 있다면 309.113
- 일본어에 관심 있다면 730
- 일본문학을 읽고 싶다면 830
- 일본사에 관심 있다면 913
- 일본 여행 자료가 필요하다면 981.302

도서관 웹사이트 활용하기(개별)

도서관 웹사이트에 접속하여 자료명, 저자명, 주제명으로 자료를 찾는다. 만약 학교도서관 웹사이트에서 검색을 했을 때 마음에 드는 책이 없다면 교보문고, 알라딘과 같은 온라인 서점의 도서 알고리즘을 활용하여 자료를 찾아보도록 한다.

- **자료명 탐색**: 박사가 사랑한 수식
  원하는 자료의 제목을 알고 있거나 제목의 일부를 안다면 자료명으로 검색하여 청구기호와 대출 가능 여부를 알 수 있다.
- **저자명 탐색**: 무라카미 하루키

저자 이름을 알고 있거나 저자의 다른 자료를 찾을 때 저자명으로 검색한다. 그 저자의 저서를 학교도서관에서 몇 권이나 소장 중인지 확인하고 관심 있는 도서를 클릭한다.

- **주제명 탐색**: 일본 애니메이션

  저자나 자료명 외에 자료가 다루고 있는 내용, 즉 주제 키워드로 검색한다. 도서관 웹사이트에서 자료 대출 가능 여부, 대출 중인 자료라면 반납 예정일, 서가에서 책을 빨리 찾을 수 있도록 도와주는 분류기호, 책의 최신성 여부를 판단할 수 있는 출판연도 등의 서지정보 확인이 가능하다.

책 소개하기(모둠별)

책을 다 찾으면 모둠별로 앉아 각자 찾은 책을 간략히 소개한다. 독후감 작성을 위해 어떤 책을 선정했는지 자료명, 선정 이유를 돌아가며 이야기하고, 수업을 마무리한다.

책 찾기 실습에 대해 안내할 때는, 책을 찾기 위해 자료명, 저자명, 주제명 키워드를 넣는 과정, 학교도서관의 웹사이트를 통해 확인 가능한 서지정보 살펴보기 등을 화면을 띄워 놓고 시연하는 것이 좋다. 그러면 학생들이 이해를 더 잘하고, 원하는 책을 빠르게 찾을 수 있다.

몇 시간 동안 읽을 책을 고르고 찾는 활동이 '책덕후' 학생들에게는 쉽고 즐거운 일이겠지만, '비독자' 학생들에게는 어려운 일로 느껴질 것이다. 엉덩이가 무거운 중·고등학생들과 이 활동을 할 때, 꿀팁은 게임 형식으로도 진행하는 것이다. 책 찾기 실습지를 완성한 학생에게 '북$_{book}$복권'을 증정하고, 복권에 당첨된 학생에게 간단한 선물을 증정하는 등 다양한 게임을 통해 흥미를 높일 수 있다.

책 찾기 실습지

○○○수행평가	주제 관련 도서 찾기	학번( ) 이름( )

[도서관에서 자료를 찾는 절차]
목적 파악 → 주제 선정 → 도서관에서 책 찾기 → 자신에게 적절한 책 선택

[실 습]
학교도서관 온라인 목록 웹페이지에 접속하여 ( ) 관련 책을 찾아보자.

자료명으로 탐색하기		
	예시	직접 해보기
도서명	박사가 사랑한 수식	
청구기호	833.6 오11박	

저자명으로 탐색하기		
	예시	직접 해보기
저자명	히가시노 게이고	
도서명	히가시노 게이고의 무한도전	
청구기호	833.6 히11무	

주제명으로 탐색하기 : 주제어 ( ), ( ), ( )		
	예시	직접 해보기
주제명	일본애니	
검색건수	2건	
도서명	낭만 레트로 일본 애니여행	
청구기호	981.302 윤73낭	

최종적으로 선정한 책과 그 이유	
도서명	① 책 제목 ② 작가 ③ 책의 종류
청구기호	예시) 833.6 오11박

찾은 정보를 지혜롭게 기록하고 관리해요: 정보분석지

학생들이 제출한 글쓰기 결과물을 살펴보면 자신이 주인이 되어 글을 쓴 경우가 드물다. 다른 저자들의 텍스트를 긁어모아 편집하는 것에서 그치는 경우가 많다. 매 차시별로 자료를 조사하여 기록을 남길 때 자신이 저자라는 생각으로 조사 내용에 대한 아이디어를 정리하여 표현하는 노력이 필요하다. 한 주제에 대해 여러 차시에 걸쳐 학습하는 경우, 학생들이 찾은 정보를 기록하고 관리하는 도구를 제공하는 것은 정보 관리에 관한 좋은 지도 방법이 될 수 있다.

찾은 정보를 기록하고 관리하는 방법은 다음과 같다. 첫째, 의미 있다고 판단한 정보는 출처와 함께 내용을 기록한다. 어떤 곳에서 무엇을 찾았는지 알아야 나중에 본문을 쓸 때 찾기가 쉽다. 둘째, 다른 저자의 글을 모으되, 그 글에 대한 자신의 생각을 정리하여 기록으로 남겨 놓는다.

정보분석 활동 안내하기	전체
↓	
책과 인터넷에서 정보 찾기	개별
↓	
중요 내용을 출처와 함께 메모하기	개별
↓	
아이디어 쓰기	개별

스페인어Ⅰ 시간에 스페인어권 문화 탐구 보고서 작성을 위해 정보분석지를 활용했다. 과제를 안내할 때 정보분석지를 배부하고, 자료를 찾을 때마다 쓰도록 했다. 작성한 정보분석지는 보고서에 첨부하여 제출하도록 했다.

정보분석 활동 안내하기(전체)

정보분석지를 배부하고, 어떤 내용을 기재해야 되는지, 정보분석지를 작성하면 어떤 점이 좋은지 설명한다.

- **정보분석 활동하기란?** 주제에 대한 사실, 전문가의 의견, 통계, 사례 등을 수집하여 기록하고, 내용별로 출처를 정리하는 활동이다.
- **정보분석을 하면 좋은 점**: 찾은 정보를 바탕으로 자신의 아이디어를 써서 보고서나 발표의 기초자료로 활용할 수 있다.

책과 인터넷에서 정보 찾기(개별)

주제를 구체적으로 정하고, 책과 인터넷에서 주제 관련 정보를 찾는다.

중요 내용을 출처와 함께 메모하기(개별)

새롭게 발견한 사실, 전문가의 의견, 통계, 사례 정보 4가지를 중심으로 보고서에 넣을 내용을 추출하여 쓴다. 서지사항과 쪽수를 간단히 기재한다.

아이디어 쓰기(개별)

찾은 정보의 나열에서 나아가 관련 정보와 자신의 생각을 연결 지어 본다.

(스페인어권 문화 보고서 작성)을 위한 정보분석지

작성일자	1회(10월 7일), 2회(10월 8일), 3회(10월 14일)
내가 맡은 주제	베네수엘라, 우루과이, 파라과이의 역사
노트 내용 (내용별 출처 쓰기)	TIP! 책, 신문, 동영상 등의 정보를 분석할 때 ① 사실 ② 전문가의 의견 ③ 통계 ④ 사례 등을 수집할 것
	우고 차베스 대통령 본래 베네수엘라는 빈부격차가 극심하여 미스 유니버스를 가장 많이 배출한 나라다. 그리고 세계 5대 산유국으로 유명하다. 우고 차베스 대통령이 볼리바르 혁명을 추진하면서 미국식 신자유주의 정책을 비판했다. 차베스가 '볼리바르 운동'의 지도자로서 대통령이 되었고 복지와 교육 프로그램을 도입했다. 국민이 직접 참여하는 대안적 경제 체제를 주요 내용으로 급진적 헌법을 제정하였다. 출처: 『마추픽추 정상에서 라틴아메리카를 보다』 손호철, 이매진, 55쪽
아이디어 (위의 정보와 내 생각 연결)	우리나라는 미국식 신자유주의를 신봉하고 있는 반면에, 베네수엘라는 미국식 신자유주의를 비판하며 미국과 사이가 점차 멀어지고 있다는 점에서 차이가 있다.

정보분석지는 협동과 공유가 가능한 구글 문서(docs.google.com)로도 제공할 수 있다. 구글 문서와 같은 디지털 정보분석지는 글의 편집이 용이하고, 쓰기에 투입되는 시간을 줄일 수 있다. 또한 사용하고 싶은 이미지를 정보분석지에 저장했다가 본문을 쓸 때 활용할 수 있다. 학생들이 선호하는 플랫폼인 구글 문서는 모둠학습을 할 때 특히 유용하다. 정보분석지를 인쇄하여 개별학습지로 배부하면 모둠학습을 할 때 학생들에게 따로 돌려 읽고 협의할 시간을 줘야 한다. 하지만 디지털 정보분석지를 제공하면, 한 문서로 공동 작업을 할 수 있어서 글을 작성하는 동시에 다른 모둠원이 바로 확인할 수 있다. 이러한 개방성은 온라인상에서 학생 간 활발한 상호작용을 유도한다. 모둠원들은 댓글 기능을 통해 소통하며, 상호 피드백을 하여 더 좋은 결과물을 만들도록 도와준다. 교사도 정보분석지를 매 차시별로 확인하여 과정 피드백을 줄 수 있다. 교사가 댓글로 잘한 점, 보완할 점을 남기면 학생이 수정 후 댓글로 수정했음을 해당 교사에게 알릴 수 있다.

디지털 정보분석지를 활용하는 경우 '복사하여 붙여넣기'를 통해 표절하기가 쉬우므로 반드시 학생들에게 출처를 쓰게 한다. 글쓰기를 끝낸 후 출처를 찾아 쓴다는 것은 불가능하기 때문에 정보를 찾을 때마다 출처를 쓰도록 강조한다.

정보분석지 ①

( )을 위한 정보분석지	
작성일자	1회(월 일), 2회(월 일), 3회(월 일)
내가 맡은 주제	
노트 내용 (내용별 출처 쓰기)	TIP! 책, 신문, 동영상 등의 정보를 분석할 때 ① 사실 ② 전문가의 의견 ③ 통계 ④ 사례 등을 수집할 것
아이디어 (위의 정보와 내 생각 연결)	

정보분석지 ②

(　　　　　　)을 위한 디지털 정보분석지

모둠명					
작성일	월	일	교시	( )차시	
이름	조사 내용, 인용문, 나의 생각			출처	

| 출처 기재 시 유의점
- 도서: 저자명(출판연도). 책이름. 발행처. 인용한 페이지
- 학술기사: 저자명(발행년). 논문명. 저널명. 권(호):수록 쪽수
- 전자자료: 저자명(출판연도). 웹자료의 제목. [검색일자]. <웹사이트 주소>

※이 양식을 구글 문서로 배부합니다.

웹사이트를 읽으며 정보를 평가해요: CRAAP로 질문하기

디지털 텍스트 읽기는 학생이 과제 해결을 위해 인터넷에서 다양한 텍스트를 검색하여 그 내용을 자신의 의미로 재구성하는 과정이다. 궁극적으로 다른 사람에게 정보 및 텍스트를 공유하는 것을 목표로 한다. 그 과정은 과제 제시 → 정보탐색을 위한 읽기 reading to locate → 평가하며 읽기 reading to evaluate → 종합 및 의사소통하기 reading to synthesize 순서로 이루어진다.[13]

과제를 안내할 때 교사는 해당 교과 단원이 인터넷 조사가 필요한지 판단하고, 과제의 범위를 제시한다. 예를 들면 "중국의 소수민족 분쟁 사례 프레젠테이션을 하기 위해 3개 이상의 인터넷 정보원을 활용하여 자료를 조사한다. 자료의 출처를 명확히 밝히고 자신의 주장에 대한 근거로 자료를 활용한다."로 과제를 낸다.

정보탐색을 위한 읽기는 특정 문제 해결을 위해 정보를 찾는 과정으로 자료를 검색할 때 사용한 웹사이트와 그 이유를 기록하고 검색어도 정리하게 한다.

정보탐색 읽기를 위한 검색 기록 예시

사용한 웹사이트	웹사이트를 선택한 이유	검색어
Daum 백과	개념 파악 및 감 잡기	신장 위구르 자치구
공감언론 뉴시스	신장 위구르 인권침해 사례 찾기	중국 소수민족

평가하며 읽기 단계는 '내가 웹사이트에서 제대로 읽고 있는가' 와 같은 질문을 하며 비판적 읽기를 할 수 있도록 '인터넷 읽기 전략' 도구를 활용하는 과정이다. 책과 달리 인터넷은 정보의 신뢰도가 낮아서 평가하며 읽기가 중요하다. 또한 찾고자 하는 주제와 관련된 웹사이트가 많은데, 그중에서 적절한 곳을 찾으려면 평가가 필요하다. 최신성Currency, 관련성Relevance, 권위Authority, 정확성Accuracy, 목적성Purpose 5개의 기준으로 신뢰도를 점검할 수 있다. 줄여서 CRAAP[14]라고 부른다. 정보의 가치를 하나의 기준으로 판단할 수 없기 때문에 웹사이트를 평가할 때 5개의 기준을 고려한다.

단계	범위
CRAAP 활동 이해하기	전체
↓	
최신성(C) 평가하기	개별
↓	
관련성(R) 평가하기	개별
↓	
권위(A) 평가하기	개별
↓	
정확성(A) 평가하기	개별
↓	
목적성(P) 평가하기	개별
↓	
최종 평가(적합/부적합)	개별

가정 시간에 주제 중심 발표 수업을 위해 CRAAP을 활용했다. 학생들에게 교과서에서 탐구하고 싶은 주제를 골라 책과 인터넷의 자료를 읽고 프레젠테이션을 하는 과제를 냈다. 몇몇 대충주의자 학생은 인터넷의 자료를 조사할 때 1~2개의 웹페이지에 들어가 '복사하여 붙여넣기'를 반복한 후 과제를 끝냈다고 말했다. 학생이 참고한 사이트를 확인하니 상업 사이트였고 자료도 전문가가 쓴 게 아니었다. 정보 평가 과정을 자체 생략하고, 불확실한 정보를 토대로 발표 자료를 만들고 있었다. 이에 학생들에게 스스로 디지털 정보를 평가하는 능력이 필요하다고 생각하고, 학생들이 제대로 된 인터넷 읽기를 할 수 있도록 CRAAP 전략을 지도했다.

CRAAP 활동의 의미, 좋은 점, 학습지 이해하기(전체)

인터넷 정보는 검증을 통과한 책과 달리 전문성, 최신성, 관련성에 대한 검토가 필요하다. 포털 사이트에서 한두 개의 웹페이지만 자료를 조사해 봐도 정보의 신뢰성이 떨어진다는 걸 알 수 있다. 모든 텍스트는 의심하며 읽어야 한다. 웹사이트를 화면에 띄우고, 교사가 CRAAP으로 정보를 평가하는 과정을 시연하면 보통의 학생들은 잘 따라할 수 있다. 교사가 설명을 마치면 학생은 정보를 활용하고 싶은 웹사이트 이름과 주소를 활동지에 쓴다. 다음은 가정 시간에 식생활에 관심 있는 한 학생이 청량음료의 첨가물을 주제로 한 사이트의 정보를 활용하려고 평가한 내용이다.

- 사이트명: MERCOLA
- 사이트 주소: www.mercola.com

최신성Currency **평가하기(개별)**

최신성을 판단할 때 게시글의 최초 업로드 일자, 마지막 업데이트 일자를 확인한다. 작성 일자가 없는 경우 '검색 일자'를 메모한다.

- 참고하려는 게시글은 언제 처음 쓰였나? 2022년 2월 3일
- 참고하려는 게시글의 마지막 업데이트 일자는? 2023년 2월 10일

관련성Relevance **평가하기(개별)**

관련성은 '나'와 연결 짓는 것으로 다섯 개의 기준 중 가장 중요한 기준이다. 최신성과 권위를 갖춘 좋은 정보일지라도 자신에게 쓸모가 있어야 한다. 내가 원하는 정보가 아니면 사용할 수 없으므로 탐구 주제에 보탬이 되는지, 연관성이 얼마나 있는지 판단한다.

- 내가 원하는 주제의 정보는 무엇인가?
  청량음료에 포함된 식품첨가물 및 인공감미료

- 원하는 정보를 찾으려면 어떤 주제어가 필요할까?

    (청량음료), (인공감미료), (식품첨가물)

- 나는 이 정보를 어디에 쓰려고 하나?

    ☐ 설득하는 토론   ☐ 연구보고서
    ☑ 창의적 글쓰기   ☐ 개인적인 호기심

권위Authority **평가하기(개별)**

권위는 글쓴이의 이름을 확인하고, 글쓴이가 전문가인지 파악하는 것에서 시작한다. 저자에 대한 정보를 알기 위해서는 홈페이지의 저자 소개 메뉴를 확인하거나 검색 엔진에서 저자의 이름으로 검색하여 소속 기관을 확인한다. 주제 관련 학위를 소지했거나 관련 분야에서 오랜 기간 연구 및 활동했는지 파악한다. 웹사이트의 경우 URL에서 영리 단체인지, 비영리 단체인지 힌트를 얻을 수 있다. 보통 영리 기관은 'com/net', 비영리 기관은 'go/or', 교육 기관인 학교는 'ac/hs/ms/es'의 도메인을 사용함을 알려 준다.

- 글쓴이는 이 분야의 전문가인가? 어떤 자격을 소지하고 있나? 의사면허

    ☑ 예   ☐ 아니오   ☐ 기타 : _____   ☐ 알 수 없음

- 글쓴이가 웹사이트에서 자기 자신을 어떻게 소개하고 있나?

    의사, 경영자, 건강 분야에 대해 책을 쓴 저자

정확성 Accuracy 평가하기(개별)

정확성은 사실에 대한 근거가 정확한지 파악하는 것이다. 학생들은 주제 전문가가 아니기 때문에 정확성 판단이 어렵다. 이 경우 출처를 밝혀 쓰고 있는지, 링크 되어 있는 항목이 활성화되어 있는지를 보고 정확성을 판단한다.

- 웹사이트 게시글은 사실에 근거한 정확한 정보를 제공하는가?
  - ☑ 예   ☐ 아니오
- 링크 되어 있는 항목이 활성화되어 있는가?
  - ☑ 예   ☐ 아니오
- 모든 인용문의 출처를 명확히 밝히고 있는가?
  - ☑ 예   ☐ 아니오

목적성 Purpose 평가하기(개별)

목적을 확인한다. 탐구하고 있는 주제와 관련 있고 최신성과 권위를 갖췄을지라도, 그 글이 상업성을 띠고 있거나 연구의 목적이 아니라면 웹사이트의 정보를 활용하는 것이 적합한지 다시 고민해 봐야 한다.

☐ 설명/정보제공   ☐ 설득   ☑ 판매   ☐ 풍자/패러디   ☐ 기타

최종 적합성 판단하기(개별)

최종적으로 해당 인터넷 정보를 사용해도 될지 적합성을 판단한다. 적합하다고 판단되면 탐색한 정보를 종합하여 의미 있게 재구성한다. 하나의 주제에 대해 여러 출처로부터 정보를 모아 요약하고, 문제의 해결책을 찾아 정리하는 것이 중요하다. 보고서나 프레젠테이션 등 다양한 형식으로 정리한다.

☐ 적합   ☐ 일부적합   ☑ 부적합

만약 정보 평가 실습 시간이 없거나, 교과에서 CRAAP 실습을 하는 것이 주객전도처럼 느껴진다면 학생들에게 웹사이트를 읽을 때 해야 할 질문 4개를 간단히 알려 준다. "웹사이트의 목적은 정보 제공, 설득, 판매, 즐거움 중에 무엇일까?", "저자는 이 분야의 전문가인가?", "언제 처음 쓰였나?", "저자가 독자를 명확히 인식하고 있는가?(광고가 있다면 독자에게 객관적 정보를 제공하고 있는가?)"와 같은 질문을 통해 해당 사이트가 원하는 정보를 담고 있는지, 정보가 정확한지를 스스로 물을 수 있게 한다.

📖 **웹사이트 정보 평가하기를 지도할 때 참고하기 좋은 자료**

『독서교육, 어떻게 할까?』 김은하 지음 | 학교도서관저널
『NOW 어메이징 인포메이션』 맷 업슨 외 지음 | 궁리

인터넷 읽기 전략 CRAAP 활동지

사이트명	
URL	
최종 평가	☐ 적합　　☐ 일부적합　　☐ 부적합
기 준	

최신성 Currency
참고하려는 게시글은 언제 처음 쓰였나?
(　　　년　　　월　　　일)
참고하려는 게시글의 마지막 업데이트 일자는 언제인가?
(　　　년　　　월　　　일)

관련성 Relevance
내가 원하는 주제의 정보는 무엇인가?
(　　　　　　)
나는 이 정보를 어디에 쓰려고 하나?
☐ 설득하는 토론　☐ 연구보고서　☐ 창의적 글쓰기　☐ 개인 호기심
원하는 정보를 찾으려면 어떤 주제어가 필요할까?
(　　　), (　　　),(　　　)
이 웹사이트는 탐구하고자 하는 주제에 보탬이 되는가?
☐ 예　　☐ 아니오

권위 Authority
글쓴이는 이 분야의 전문가인가? 글쓴이는 주제 분야와 관련해 어떤 자격을 소지하고 있나?
(예: 학위 소지 여부, 주제 분야 전문자격증 소지 여부 등)
☐ 예　☐ 아니오　☐ 기 타 : _____　☐ 알 수 없음
글쓴이가 웹사이트에서 자신을 어떻게 소개하고 있나?
(예: 기관의 대표 혹은 회원 등)
(　　　　　　　　　　　　　　　　)

정확성 Accuracy
웹사이트 게시글은 사실에 근거한 정확한 정보를 제공하는가?
☐ 예　　☐ 아니오
링크 되어 있는 항목이 활성화되어 있는가?
☐ 예　　☐ 아니오
모든 인용문의 출처를 명확히 밝히고 있는가?
☐ 예　　☐ 아니오

목적성 Purpose
웹사이트의 목적은 무엇인가?
☐ 설명/정보 제공　☐ 설득　☐ 판매　☐ 풍자/패러디　☐ 기 타 : _____
웹사이트는 독자를 누구로 설정하는가?
(　　　　　　　　　　　)

정보에도 주인이 있어요: 표절 예방을 위한 출처 표시

표절이란 다른 사람이 작업한 것을 허락 없이 복사하여 가져다 쓰는 것이다. 학생들은 표절하면 안 되는 이유에 대해 알고 있지만, 표절을 피하기 위한 인용과 출처를 기재하는 정확한 방법에 대해 알지 못하며, 이 과정을 귀찮아한다. 정보윤리의 중요성은 인식하지만 이를 준수하는 구체적인 방법을 모른다. 학생들에게 서지 정보를 추출하는 방법, 출처 쓰는 방법을 알려 준다면 표절을 막을 수 있을 것이다. 표절을 예방하는 윤리적 글쓰기를 지도하는 절차는 다음과 같다.

출처 표시의 의미 이해하기	전체
↓	
서지 정보 추출하기	개별
↓	
출처 기재하기	개별
↓	
정보를 찾아 재기술하기	개별

경제 시간에 '소셜벤처 제안서'를 쓰기 위해 출처를 밝히는 방법을 설명했다. '무'에서 '유'를 창조하는 것은 어렵기 때문에 학생들에게 해결하고 싶은 사회문제를 정하고, 그 문제에 대해 다양한 사례를 찾고 고민해 보는 시간을 주었다. 사례를 조사할 때 활동지에

정보의 출처와 중요한 내용을 메모하도록 했다. 나중에 출처를 기재하려면 기억나지 않기 때문이다.

출처 표시의 의미 이해하기(전체)

출처 쓰기 활동은 출처를 밝히는 이유를 아는 것에서 시작한다. 출처 표시는 나와 연구자 모두를 위한 방식으로, 그 주제에 대해 먼저 연구한 사람에 대한 존중과 노고를 인정한다는 의미가 있다. 나의 글을 읽는 독자가 탐구과정을 확인하고 자료원을 참고할 수 있다. 또한 출처 표시는 나의 탐구 과정에 대한 기록이며, 결과물의 질을 보장한다.

서지 정보 추출하기(개별)

출처 기재에 앞서 책의 판권지에서 기본적인 서지 정보를 추출할 수 있어야 한다. 서지 정보는 책제목은 무엇인지, 원저작물의 출판연도와 번역본의 출판연도가 다른 이유는 무엇인지, 번역서의 경우 역자가 존재함을 설명한다.

"저자명은 무슨 뜻이에요?"

"1판과 초판이 다른 뜻인가요? 초판이 무슨 말이죠?"

"출처를 쓰기 위한 정보를 책에서 어떻게 찾죠?"

이러한 질문이 폭포수처럼 쏟아지기 전에 실물 자료를 예시로 보여 주며 서지 정보를 파악할 수 있는 판권지를 함께 찾아본다. 펴 낸이와 지은이의 차이점, 저자명은 무엇인지 알려 주고 연습한다. "출처를 표시하려면 이 판권지에서 어떠한 서지 정보를 뽑아내야 할까?"

- **서명**: 60세 이상만 고용합니다
- **저자명**: 가토 게이지
- **출판연도**: 2014
- **출판사**: 북카라반

출처 쓰기(개별)

출처 기재 방법은 서명, 저자명, 출판연도, 출판사 4가지의 서지정보를 포함하여 순서대로 기술하도록 알려 준다.

- 가토 게이지(2014). 60세 이상만 고용합니다. 북카라반

정보원별 출처 기재 방법

정보원	출처
단행본	저자명(출판연도). 도서제목. 출판사
	홍길동(2023). 문해력수업. 문정출판사
학술지	저자명(출판연도). 논문제목. 학회이름 권(호). 수록페이지
	홍길동(2023). 문해력수업. 한국비블리아학회1(2). pp.11-12
신문	기자명(발행연.월.일.). 기사제목. 신문사명. 페이지
	홍길동(2023.3.17.). 문해력수업. 문정일보. p.1
	기자명(발행연.월.일.). 기사제목. 신문사명. <URL>
	홍길동(2023.3.17.). 문해력수업. <http://news24.com>
인터넷	웹사이트명(작성연도). 자료제목. [검색날짜]. <사이트주소>
	교육부(2022). 문해력수업. [2023.3.2.]. <http://www.moe.go.kr>

정보를 찾아 재기술하기(개별)

정보를 찾아 재기술하는 방법은 읽은 내용을 요약하여 말로 정리하기, 나보다 어린 동생도 읽고 이해할 정도의 쉬운 말로 풀어 쓰기가 있다. 내가 쉬운 말로 풀어서 설명하거나 나의 언어로 재해석

하여 기술한다면 내용을 온전히 이해했다고 볼 수 있다. 찾은 정보를 자신의 과제에 적용할 때, 가져다 쓰려는 텍스트의 저자가 자신이라는 생각으로 본인의 의견을 담아 글을 쓰도록 강조한다. 자신만의 표현을 써서 설명하도록 하는 것은 생각을 더 깊이 있게 처리하도록 하며, 자료를 더 잘 이해하도록 이끈다. 학생이 정보를 손으로 기록하는 경우에는 더욱 그렇다.[15]

- 조사 내용+나의 생각

  60세 이상의 나이 제한을 둔 가토 제작소의 구인전단지에는 실버 세대가 다양한 세대와 교류하면 서로 귀중한 경험과 체험을 나눌 수 있어 회사뿐 아니라 사회에도 틀림없이 유익할 것이라는 전제가 깔려 있다.
  → 세대 차이 갈등, 초고령 사회를 극복하려면 우리 사회가 노인을 어린이 취급해서는 안 된다.

학생들이 과제를 마친 후 제대로 재기술하고, 인용 및 출처를 제대로 작성했는지 확인하는 도구로 '카피킬러(www.copykiller.com)'가 있다. 회원가입 후 무료로 1건 표절 검사를 할 수 있다. 또 구글(www.google.com)을 표절 검사 용도로 사용할 수 있다. 교사뿐 아니라 학생들도 표절 검사 도구가 있다는 것을 알고, 이것이 어떻게 작동하는지 이해해야 한다.

대부분 교과 수업에서 '인용'과 '출처 기재'는 사이드 메뉴, 옵션처럼 다뤄진다. 하지만 읽은 내용을 온전히 소화해야 '인용'이 가능하고, 판권지를 읽어낼 수 있어야 출처 기재가 가능하기 때문에 인용과 출처 기재에 대한 내용은 학습의 필수 요소로 다뤄야 한다. 여러 교과에서 반복적으로 인용과 출처를 기재하는 방법을 학습한다면 학생들의 윤리적 글쓰기 실력은 높아질 것이다.

출처 쓰기 활동지

(　　　　　　) 작성을 위해 내가 찾은 자료

참고한 도서				조사 내용 + 나의 생각	정보평가(상:○, 중:△, 하:□)				
글쓴이	출판연도	책제목	출판사		최신성	관련성	권위	정확성	목적
예	하종강 외. 2020. 열 가지 당부. 창비			근로계약서에 담아야 할 노동조건	△	○	○	○	○

참고한 온라인 자료			조사 내용 + 나의 생각	정보평가(상:○, 중:△, 하:□)				
사이트명	검색일	URL		최신성	관련성	권위	정확성	목적
예	청소년	22.10.16	youth.go.kr	가출 청소년이 정부에서 받을 수 있는 도움	△	○	○	○	○

※ 정보평가 영역은 학습자 수준, 학습시간을 고려해 넣거나 뺄 수 있다.

출처 쓰기 활동지(예시)

( ) 작성을 위해 내가 찾은 자료

	참고한 도서			조사 내용 + 나의 생각	정보평가 (상:○, 중:△, 하:□)				
	글쓴이	출판연도	책제목	출판사		최신성	관련성	권위	정확성	목적
예	하종강 외.	2020.	열 가지 당부.	창비	근로계약서에 담아야 할 노동조건	△	○	○	○	○
	가토 게이지	2014	60세 이상만 고용합니다	북카라반	세대차이 갈등, 초고령 사회 극복 → 우리 사회가 노인을 어린이 취급한다는 내용이 인상적임	□	△	○	○	△

	참고한 온라인 자료			조사 내용 + 나의 생각	정보평가 (상:○, 중:△, 하:□)				
	사이트명	검색일	URL		최신성	관련성	권위	정확성	목적
예	청소년	22.10.16	youth.go.kr	가출 청소년이 정부에서 받을 수 있는 도움	△	○	○	○	○
	경향신문	22.10.24	n.news.naver.com	키오스크를 대하는 노인들의 인식+노인복지프로그램→새로 무언가를 배우는 것이 부담되는 게 아니라 오히려 배우고 싶어한다는 것에서 반복적으로 교육할 필요성이 느껴짐	○	○	△	○	○
	내 손안에 서울	22.10.24	mediahub.seoul.go.kr	디지털 약자를 위한 키오스크 체험존 → 지자체에 나서서 운영하는 게 좋은 취지. 그러나 프로그램이 복잡해 보임	△	○	○	○	○
	DBpia	22.10.31	dbpia.co.kr	약자를 위한 키오스크 디자인 가이드라인	△	○	○	○	△

3교시

교과 학습을 위한 표현력 도구

인싸의 잘 듣고 잘 말하는 표현력

말하기는 읽기, 쓰기와 별개가 아니라 서로 연결되는 의사 표현의 수단이자 상호작용의 과정이다. 수업하는 교실이 조용하다면 상호작용이 활발히 이뤄지고 있다고 볼 수 없다. 학생들이 자신의 생각을 말로 표현할 때 상호작용, 비판적 사고, 능동적 학습이 이뤄지므로 교실이 늘 조용해서는 안 된다.

그렇다면 의미 있는 말하기 활동이란 무엇일까? 교사가 학생들에게 열린 질문을 제시하고, 학생들이 그 질문에 답하기 위해 정보를 찾아 맥락에 맞게 표현하는 것이다. 정답, 오답에 의미를 두지 않고, 학생이 정보를 찾고 종합하는 활동을 통해 자신의 사고 과정을 드러낼 수 있어야 한다. 교과와 연계한 말하기 활동으로 QAR 전략을 활용해 질문하기, 월드카페 대화, 발표하기, 그룹으로 마인드맵 만들기를 할 수 있다.

질문으로 책을 바라보는 관점을 길러요: QAR 전략

학생들과 책을 읽고 질문을 만들다 보면 수많은 질문을 어떤 기준으로 분류해야 할지 고민에 빠지게 된다. 독서 대화를 제대로 하려면, 좋은 질문이 중요하기 때문에 질문 생성과정을 중요하게 다뤄야 한다. 학생들이 높은 수준의 사고를 할 수 있도록 학생들에게 질문 생성의 기준을 제시한다면, 다양한 유형의 질문을 스스로 만들 수 있을 것이다.

QAR 기법에 따른 4가지 질문 유형[16]

판단 수단	질문 유형	내용
책에서	사실 질문	- 질문에 대한 답은 텍스트에 있다. - 보통 한 문장 내에서 찾는다.
	내용 분석 질문	- 질문에 대한 답은 텍스트에서 찾는다. - 여기저기에 흩어져 있으니 정보를 연결해서 찾는다.
나에게서	내용 평가 질문	- 답이 텍스트에 직접 언급되어 있지 않다. - 텍스트를 토대로 자신의 의견을 정립해야 한다. (예시: ~는 옳은 것인가?)
	삶에 적용하는 질문	- 자신의 배경지식과 경험을 활용해서 질문하거나 답한다. (예시: 우리 조의 경험을 바탕으로~)

학생들이 텍스트의 지식과 자신의 배경지식을 조합하여 관련 정보를 추론할 수 있게 도와주는 QAR(Question-Answer Relationships)의 네 가지 질문을 수업에 활용했다. QAR 전략은 학생들이 각 질문에 관

련된 정보를 텍스트에서 직접 찾을 수 있는지, 아니면 질문에 답하기 위해 텍스트와 배경지식을 조합하여 관련 정보를 추론해야 하는지 판단하도록 도와준다. 학생들은 질문에 대한 답을 찾는 방법에 대해 토론하면서 서로에게서 많은 것을 배울 수 있다.

『징비록』 독서토론 수업을 위해 QAR 기법으로 질문을 만들기로 했다. 『징비록』은 류성룡이 임진왜란의 역사를 잊지 말고, 후환을 대비하기 위해 쓴 반성의 기록이다. 먼저 학생들에게 QAR 기법에 따라 분류한 4가지 질문 유형에 대해 설명했다. 읽기 중 활동에서는 텍스트에서 답을 찾을 수 있는 '사실적 질문'과 '내용 분석 질문'을 활용하고, 읽기 후 활동에서 '내용 평가 질문'과 '삶에 적용하는 질문' 유형을 활용했다.

사실 질문 작성하기

학생들은 각자 『징비록』을 읽기 전, 읽기 중에 책의 내용이나 정보를 확인하여 '사실 질문'을 작성한다.

- 징비록의 뜻은 무엇인가?
- 유성룡이 제승방략 대신 진관체제로 군편제를 바꿔야 한다고, 글을 올린 이유는 무엇인가?

내용 분석 질문 만들기

학생들은 책 여기저기에 흩어져 있는 정보를 맥락에 맞게 연결하여 찾을 수 있는 '내용 분석 질문'을 만든다. 모둠원끼리 작성한 질문을 수합하고, 이 질문을 토대로 질문 해결의 단서가 되는 문장과 단어를 찾아 답을 쓴다. 각 모둠에게 찾아 쓴 답에 대해 논의하는 시간을 준다. 스스로 해결하지 못한 질문이 있는 개인은 모둠원이 어떻게 맥락에 맞게 정보를 연결하여 찾았는지 들어보고 답에 관한 힌트를 얻을 수 있다.

- 이각과 김성일의 차이점은 무엇인가?
- 일본은 어떠한 근거로 자신의 국력에 자신감을 갖고 있었을까?

내용 평가 질문 만들기

책을 읽으며, 읽은 후 가치관과 의견을 담아 '내용 평가 질문'을 만든다.

- 왕이 성을 버리고 떠나는 것은 옳은 일인가?
- 김성일처럼 후일을 대비한 거짓말은 옳은 것인가?
- 패전한 장수를 사형에 처하는 것은 옳은 것일까?

삶에 적용하는 질문 작성하기

책의 이야기나 상황을 내가 속한 집단과 사회에 적용하여 묻는 '삶에 적용하는 질문'을 작성한다.

- 백성들을 버리고 도망간 선조의 리더십과 오늘날 대통령의 리더십은 어떠한 차이점이 있을까, 얼마나 발전했을까?
- 임진왜란의 냉철한 자기반성은 21세기를 살아가는 우리에게 무엇을 말해주는 것일까?

그룹별로 '내용 평가 질문', '삶에 적용하는 질문'을 수합한다. 이 중 토론하고 싶은 질문을 모둠별로 2~3개 정도 뽑는다. 대표 질문에 대해 모둠별로 토론하여 답을 찾는다. 토론을 마치면 4가지 유형의 질문 중 어떠한 유형의 질문이 문제 해결에 가장 도움이 되었는지 모둠별로 논의한다. 그리고 각자 소감을 토론지에 2~3줄 정도 기재하고 토론지를 제출한다.

QAR 질문하기 활동을 할 때, 같은 실문을 학생마다 서로 다른 질문 유형으로 분류할 수 있다. 예를 들면 '조선 최초의 조총은 어떠한 방식으로 등장 했는가?'와 같은 질문을 어떤 학생은 사실 질문에, 어떤 학생은 내용 평가 질문에 분류하는 것이다. 비슷한 질문이지만 각자 다르게 분류한 이유는 어떤 학생은 그 답을 책에서 찾아야 했고, 배경지식이 있는 학생은 답을 '내 머릿속에서' 찾았다고 느낄 수 있기 때문이다.

QAR 질문하기 활동의 핵심은, 책에 흩어져 있는 정보를 분석하거나, 자신의 배경지식과 아이디어를 결합해야 질문에 대한 답을 찾을 수 있다는 사실을 학생들이 아는 데 있다. 교사는 학생들의 QAR 활동을 관찰하며, 텍스트에 대한 이해도가 어떤지 파악할 수 있어서 피드백을 할 때도 유용하다.

◆ QAR 전략을 지도할 때 참고하기 좋은 자료

(초등) 『그림책 질문수업』 이한샘 지음 | 학교도서관저널
(중등) 『피드백, 이렇게 한다』 낸시 프레이, 더글러스 피셔 지음 | 교육을바꾸는사람들

텍스트에서 정보를 찾을 수 있는 질문 QAR 활동지

'사실을 확인하는 질문', '내용을 분석하는 질문'을 모둠별로 만들어 해당되는 질문 유형에 ○ 표시하고, 답을 찾으며 읽어 보세요.

연번	질문&답	질문 유형	
		사실 확인	내용 분석
1	질문:		
	답:		
2	질문:		
	답:		
3	질문:		
	답:		
4	질문:		
	답:		

생각과 아이디어를 활용한 질문 QAR 활동지

'내용을 평가하는 질문', '삶에 적용하는 질문'을 모둠별로 만들어 해당되는 질문 유형에 ○ 표시하고, 답을 찾으며 읽어 보세요.

연번	질문&답	질문 유형	
		내용 평가	삶에 적용
1	질문:		
	답:		
2	질문:		
	답:		
3	질문:		
	답:		
4	질문:		
	답:		

모둠별로 대표 질문을 2개 선정하여 토론해 보세요.

	토론 내용
1	토론 질문 : 토론 내용 :
2	토론 질문 : 토론 내용 :
	한 줄 소감

낙서로 누구나 부담 없이 참여해요: 월드카페 대화

　토론 수업을 하다 보면 겁을 먹고 잔뜩 위축되어 힘들어하는 학생이 있다. 말하기를 좋아하지 않는 학습자에게는 토론 시간이 고통스러울 수 있다. 말하기를 좋아하지 않는 학습자를 자연스럽게 토의 활동으로 이끌려면 어떻게 해야 할까? 비경쟁식 토론 방법 중 하나인 '월드카페 대화'에서 해법을 찾았다. 월드카페 대화의 매력은 '낙서'를 하며 질문에 대해 대화를 할 수 있다는 점이다. 이 활동은 자신의 의견과 생각을 주어진 종이에 끄적이거나 자유롭게 그림으로 표현하는 방식으로 진행하기에, 말하기 어려워하는 학생의 참여를 이끌어내기 쉽다.

　월드카페 대화는 여러 명이 함께 질문에 대한 아이디어를 도출, 공유하는 대화 방법이다. 4~5명 단위로 팀을 구성한 후 대화를 시작하고, 구성원들이 서로 교차하며 대화를 이어 나감으로써 많은 사람이 함께 대화할 수 있다. 최소 20명 이상의 참여자를 대상으로 실시하고, 자연스럽게 자리를 이동하며 토론한다. 월드카페 대화는 협력적 대화를 통해 다양한 생각을 창출하는 과정에서 집단 지성의 힘을 보여 주는 토론 방식으로 다양한 분야에서 활용되고 있다.[17] 월드카페 대화의 지도 절차는 다음과 같다.

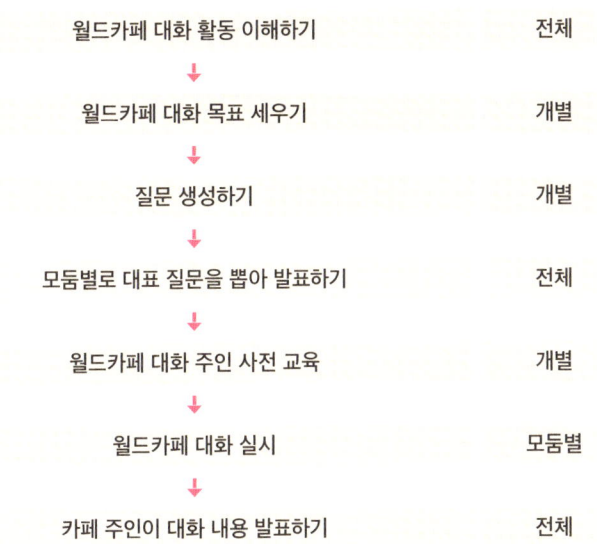

　영어 시간에 다문화주의 학습을 위해 월드카페 대화를 했다. melting pot, salad bowl 이론에 대한 지문을 읽고 차이점을 분석하는 교과서 읽기 활동으로는 다문화주의에 대해 제대로 공부할 수 없었다. 다문화주의는 가치의 문제이기 때문에 각 이론이 사회에서 어떤 현상으로 발생되는지, 다양성을 존중하지 않는 사회적·정치적 제도가 어떠한 문제를 야기하는지 생생한 자료를 찾아 읽고 대화를 나누며 생각을 확장해야 했다.

　가장 적합한 수업 모형은 비경쟁식 토론모형인 '월드카페 대화'였다. 의견을 찬성과 반대로 가르지 않고, 마음에 드는 질문을 찾아 자유롭게 대화 형식으로 진행하는 월드카페는 경쟁구도와 협업으로 인한 스트레스로 지쳐 있는 학생들에게 적합했다. 열린 공간에서 긴장을 완화한 상태로 부담 없이 이루어지는 대화와 낙서를 통해 지식을 생성하는 매력을 학생들이 느꼈으면 했다.

월드카페 대화 활동 이해하기(전체)

월드카페 활동이란 무엇이며, 어떠한 흐름과 방법으로 진행되는지 설명한다.

- **월드카페 대화란?**

카페와 같은 열린 공간에서 강력한 질문을 바탕으로 토의 토론을 진행하며 집단지성으로 결과를 도출하는 것

- **월드카페 대화 흐름**
    ❶ 개인별 질문 만들고 모둠별로 대표 질문 뽑기
    ❷ 토론하고 싶은 곳으로 이동
    ❸ 자유토론+정리(10분)
    ❹ ❷와 ❸을 상황에 맞춰 반복
    ❺ 최종 결과 전시 및 공유(발표)

- 월드카페 대화 방법

호스트 : 각 카페의 주인
1. 손님이 모이면 10분 동안 손님들의 토론을 진행
2. 다음 손님이 오면 이전 손님들의 토론 내용과 남기고 간 질문을 소개하고 토론 진행
3. 토론에서 나왔던 이야기를 정리하여 교실에서 발표한다.
[필요 능력치] 잡담하는 진상 손님을 제지하는 칼 같은 카리스마
손님을 대하는 부드러운 매너와 친절함
토론 주제에 대한 이해도와 관심

손님 : 자유로운 토론 참가자
1. 마음에 드는 주제의 카페에 가서 토론에 참여한다.
2. 10분 후 토론이 끝나면 다른 카페에 들어가서 토론에 참여한다.
[필요 능력치] 토론 주제에만 집중하는 집중력

- 월드카페 대화 낙서 방법[18]

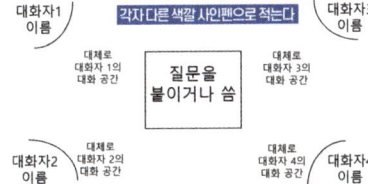

기호	내용
선	서로의 대화를 직선이나 곡선으로 연결
+	상대방의 의견에 내 의견을 보태요
?	궁금합니다
A	대답입니다
★	창의적인 생각이에요!
♥	그 생각에 공감합니다.
😊	흥미로운 의견이네요.

월드카페 대화 목표 세우기(개별)

오늘의 학습목표와 관련하여 질문을 던진다. 학생들은 교사가 설명한 학습목표를 듣고, 질문에 대한 답을 쓴다.

- 다문화주의 월드카페 대화를 왜 할까? 하면 무엇이 좋을까? 하고 나면 무엇이 달라질까?

  다문화 사회에 대한 많은 의견과 나의 주장을 펼치고 들으며 더 넓은 시각을 갖게 될 것 같다. 또한 앞으로 우리가 살아가면서 겪을 다양한

문화들을 더욱더 잘 받아들일 수 있지 않을까?

질문 생성하기(개별)

질문 생성 단계는 월드카페 대화에서 가장 중요하다. 질문 생성을 위해 교사가 자료를 제시할 수도 있고, 학생이 자료를 찾아 질문을 만들 수 있다. 학습자의 수준과 학습 시간에 따라 질문 개수는 조정 가능하다. 교사가 자료를 제시하는 경우 질문을 2개 정도 만들게 하고, 학생이 자료를 찾아 질문을 생성하는 경우 한 차시에 1개의 질문을 만들게 한다.

질문 생성을 위해 뉴스 기사를 활용했다. 기사를 활용하면 현시대의 이슈를 알 수 있어서, 삶과 관련성이 깊은 공부가 가능하다. 시사용어가 나오면 기사의 맥락을 통해 의미를 파악하고, 사전에서 뜻을 찾아보며 어휘력을 기를 수 있다. 또 다양한 분야에서 해당 주제를 어떻게 다루는지 알 수 있고, 배경지식을 넓힐 수 있다. 경제에 관심이 있는 학생은 난민 수용과 경제 발전의 상관관계를 뉴스 기사로 찾아 읽고 다음과 같이 질문을 만들었다.

- **내가 만든 토론 질문**: 난민을 받으면 얻을 수 있는 장점이 무엇인가?
- **검색어 및 출처**
    - **검색어**: 난민 수용 장점(대규모 난민 수용, 장기적으로 경제 발전에 긍정적)

- **출처**(기자이름. "기사제목". 일보. (연.월.일.)

  오수진. "대규모 난민 수용, 장기적으로 경제발전에 긍정적". 연합뉴스. (2018.12.27.)

- **기사 요약**(5W1H)

  - WHO(누가): 난민
  - WHEN(언제): 2018년 12월
  - WHERE(어디서): 독일
  - WHAT(무엇을): 경제성장률 0.4~0.8% 증가
  - WHY(왜): 이주 노동이 내국인 노동시장에 미치는 효과 적다 vs 저임금 노동자
  - HOW(어떻게): 난민 유입

모둠별로 대표 질문을 뽑아 발표하기(전체)

학생들이 개별 생성한 질문 중 대화하고 싶은 대표 질문을 모둠별로 발표한다. 모둠 질문을 만든 사람이 카페 주인이 된다. 카페 주인은 왜 이 질문을 만들었고, 왜 가장 좋은 질문으로 뽑았는지 간략히 발표한다.

- 1조: 다문화는 차별과 혐오의 용어인가?
- 2조: 대규모 난민 수용의 경제적 이익은 무엇인가?

- **3조**: 다문화사회에서 다른 문화의 개성은 어디까지 인정해야 하는가?
- **4조**: 난민 수용에 대한 인식을 개선하기 위한 방법은 무엇인가?

카페 주인 사전 교육(개별)

월드카페 대화는 모둠별로 질문을 선정하고 학생들이 모둠을 돌면서 질문에 대한 생각을 나누는 활동이다. 모둠에서 질문에 대해 토론한 후 카페 주인과 손님으로 역할을 나눈다. 카페 주인의 역할이 중요하기 때문에 대화를 시작하기 전 카페 주인만 따로 모아 진행 방법을 알려 주거나 안내장을 주면 카페 주인도 부담 없이 대화를 이끌 수 있다.

[카페 주인 참고용 안내문]

카페 주인님께

다음과 같이 진행 바랍니다. 카페 주인은 종이에 낙서를 하지 않고, 손님에게 안내 멘트를 하며 최종 발표만 합니다.

(첫 번째 손님 멘트)

우리 카페의 주제는 _____ 입니다. (1분간 충분히 설명)
- 자신의 생각을 말해 주세요. (말이 끝나면)
- 자신의 생각을 자유롭게 글과 그림으로 표현하세요.

(두 번째 손님 멘트)

이전 단계 대화 내용 소개

- 종이에 쓰인 친구들의 생각을 먼저 읽으세요.
- 친구들의 생각에 추가 의견을 달거나 새로운 생각을 쓰세요.
- 쓸 말이 없다면 친구들의 의견에 기호를 그리거나 색칠하세요.

(세 번째부터는 두 번째 멘트와 동일하게 운영하면 됩니다)

발표할 때는 토론 내용을 요약하여 간단히 발표하세요.

카페 주인에게 안내장을 배부한 후 월드카페 대화를 시작한다. 카페 주인만 남고 손님은 다른 모둠을 방문한다. 카페 주인은 다른 모둠의 손님을 맞이한 후 설명하고, 손님의 기존 설명에 새로운 생각이나 설명을 추가한다. 이때 종이에 자신의 생각과 아이디어를 기호나 그림으로 표현할 수 있다. 방법을 계속 설명해도 학생들이 감을 못 잡고 우왕좌왕한다면 학생들에게 "1명 남고, 3명 가고"의 규칙을 알려 준다. 일단 하다 보면 학생들도 자연스럽게 감을 잡고, 집중하는 모습을 보인다.

월드카페 대화 실시(모둠별)

모둠에서 가장 좋은 질문을 가지고 각자의 생각을 말하고, 전지 또는 큰 종이에 기록하여 전체 생각을 공유하도록 한다. 모둠에서 대화가 끝나면 카페 주인만 남고 나머지 학생들은 다른 카페로 이동한다. 이때 기존의 모둠원들이 뭉쳐서 이동하지 않고, 흩어지도록 한다. 카페 주인은 새로 온 손님에게 자기 모둠의 질문과 모둠원의 생각에 대해 설명한다. 각각의 손님은 질문에 대해 기존의 생각과는 다른 아이디어를 종이에 끄적이며 말한다. 교사는 시간을 적절히 안배하여 상황에 맞춰 3~4회 반복하도록 한다.

- 난민을 수용해야 하는가?
  - A학생: 난민을 수용해야 한다.
    윤리적 문제를 넘어 만약 우리가 난민이 된다면 어떨까? 역지사지의 마음만 가져도 난민 수용에 조금 더 수용적인 자세를 취할 수 있다.
  - B학생: 난민을 수용해서는 안 된다.
    난민을 대거 수용하게 될 경우 문화적 차이로 인해 우리나라에서 갈등이 생길 것이다. 난민 수용은 우리나라에 또 다른 갈등을 가져올 수 있으므로 반대한다.

카페 주인이 대화 내용 발표하고, 최종 결과물 전시하기(전체)

카페 주인은 손님들의 생각을 요약하여 발표한다. 함께 기록한 전지를 칠판이나 게시판에 부착하여 전체 의견을 모든 학생과 공유한다.

월드카페 대화의 장점은 다양한 질문에 대해 카페처럼 열려 있는 공간에서 모둠원들이 수다를 떨 듯이 자연스럽게 자기 생각을 말할 수 있다는 점이다. 다양한 의견이 제시될 수 있고 각 개인의 생각이 모둠뿐 아니라 반 전체에 전달될 수 있다.

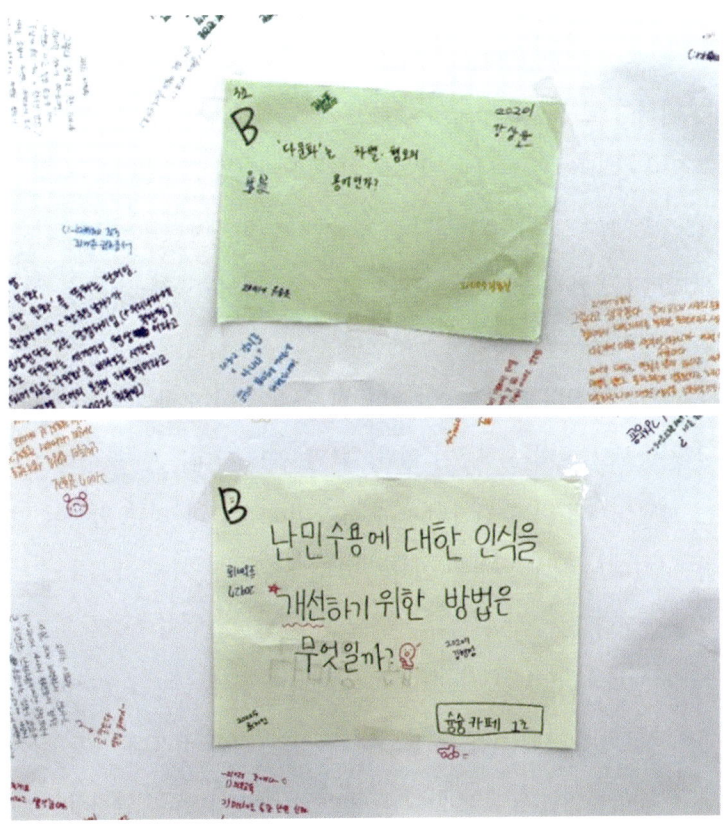

모둠별 월드카페 대화를 기록한 전지

월드카페 대화를 진행할 때 유의할 점은 다음과 같다.

첫째, 월드카페 대화 방법과 흐름을 학생들이 이해하지 못할 경우, 카페 주인만 남고 나머지 학생들은 다른 카페로 이동하도록 한다. 그리고 "방법이 복잡해 보이고 이해가 안 되니? 그러면 단 한 가지만 기억해. 1명 남고, 3명 가고."라고 설명한다. 학생들은 하다 보면 방법과 흐름을 자연스럽게 터득하게 된다.

둘째, 가만히 앉아 있거나, 주눅이 들어 대화에 참여하지 못하는 학생이 있다면 친구들의 대화를 들으며 낙서를 하도록 한다. 친구들이 남겨 놓은 낙서에 기호로 자신의 느낌과 의견을 표시하도록 해도 좋다. '+'로 자신의 생각을 덧붙이고, '하트(♥)' 표시로 공감을 표현하며 공감하는 이유를 한 줄 정도로 쓰도록 해서 누구나 재미를 느끼며 참여할 수 있게 도와준다.

셋째, 자신의 의견을 이야기할 때 근거 없이 주장만 한 줄로 간단히 말하고 끝내는 경우가 있다. "난민 수용 확대는 현재 상태에서는 하면 안 돼."라고 간단히 메모하고 멍하니 앉아 있는 학생이 있다면, 그 학생에게 의견을 이야기할 때 뒷받침 근거와 사례를 들도록 조언한다.

논쟁의 여지가 있고 가치판단이 필요한 학습 주제라면, 어떤 교과에서든 월드카페 대화를 적용할 수 있다. 화학 시간에 약물 관련 단원의 '동물실험과 신약개발', 과학 시간 '생식과 발생' 단원의 임신

중절, 국어 시간에 소설을 읽고 각 인물의 입장을 다각도로 이해하기 등의 학습 주제를 월드카페 대화에 적용해 모둠 활동을 진행할 수 있다.

월드카페 대화를 지도할 때 참고하기 좋은 자료

『한 학기 한 권 읽기 어떻게 할까?』 김주환 외 지음 | 북멘토

『보니샘과 함께하는 자신만만 프로젝트 수업 10』 구본희 지음 | 우리학교

월드카페 대화 활동지

1단계 관련 뉴스 및 기사에서 토론 질문을 생성합니다.(개인별)

내가 만든 토론 질문

- 검색어(키워드):
- 출처(기자명, "기사제목", ○○일보(연.월.일.))
- 기사 요약(5W1H)
  - WHO
  - WHEN
  - WHERE
  - WHAT
  - WHY
  - HOW

2단계 모둠별로 의논하여 우리 모둠의 질문을 뽑아 봅시다.
모둠장이 질문을 발표합니다.

토론 질문	
뽑은 이유	

3단계 마음에 드는 질문에 찾아가 토의합니다. (모둠장은 움직이지 않습니다.)
토의할 때는 자기가 한 말을 간단하게 전지에 적어 봅시다.
(이동하여 두 모둠에서 더 토의해 봅시다.)

4단계 모둠장은 토의한 결과를 발표합니다.
발표 결과를 아래 표에 간단히 메모해 봅시다.

질문	질문에 관해 토의한 내용

5단계 월드카페 대화를 한 후 새롭게 알게 된 사실을 정리해 봅시다.

학습한 내용을 설명하고 나눠요: 주제 중심 발표

학생들은 아는 것에 대해 다양한 방법으로 발표를 할 수 있다. 발표 활동이 의미 있는 이유는 발표가 사람들과 직접 소통할 수 있는 여러 방법 중 하나이고, 청중 앞에서 어떤 주제에 대해 설명할 수 있는 능력을 갖추는 것은 사회생활에서 중요하기 때문이다. 학생들은 개별 또는 모둠별로 학습한 지식과 기술을 다른 친구들에게 가르치기 위해 발표한다. 발표는 글쓰기 다음으로 많이 하는 활동이지만, 학생들은 발표를 할 때마다 긴장감과 어려움을 호소한다.

"주어진 시간 안에 발표하는 게 어려워요."
"원고를 읽지 않으면 눈앞이 캄캄해져서 발표를 못하겠어요."
"발표는 매번 떨려요. 제가 만든 자료인데도 제대로 전달하기가 어려워요."

학생들에게 발표를 스스로 알아서 준비하게 하면, 발표 자료를 만들지 못하거나 포기하는 학생이 생긴다. 단계별로 교사의 지도가 이뤄진다면 학생들은 성공적으로 발표를 마칠 수 있다. 주제 중심 발표를 지도하는 절차는 다음과 같다.

발표 과제 파악하기	전체
↓	
발표 계획하기	개별
↓	
발표 정보 수집	개별
↓	
발표 개요 작성	개별
↓	
발표 프레젠테이션 자료 설계 및 리허설	개별
↓	
발표하기	개별

심화영어 시간 Research Project 수행평가를 위해 주제 중심 발표 활동을 실시했다. 고등학교 3학년 학생들에게 각자 희망하는 전공에서 탐구 주제를 뽑아 주제에 대해 여러 문서를 찾아 읽고, 해당 분야의 교사가 되어 친구들을 가르친다는 마음으로 발표를 준비하도록 했다.

발표 과제 파악하기(전체)

발표의 목적과 대상, 발표 장소와 시간, 발표 언어(외국어 수업의 경우) 등을 확인한다.

- 과제 시작일~제출일: 4월 8일~6월 2일

- 발표 시간: 4분 내외(슬라이드 10면)
- 발표 대상: 3학년 5반
- 발표 언어: 영어

발표 계획하기(개별)

주제와 주제 선정 이유, 주제에 대해 더 알아야 할 것을 질문으로 작성하고, 활용할 정보원을 표시한다.

- 주제 작성
  - 주제: 합성살충제(DDT)가 살생제가 된 이유
  - 주제 선정 이유: 산업구조의 고도화에 따른 부작용으로 대두된 환경문제를 깊이 알아보고 싶어서 이 주제를 선정했다.
  - 주제 확장 키워드: 화학물질, 살충제(DDT), 환경문제, 지구온난화
- 배경지식 확인하기
  - 주제에 대해 이미 알고 있는 것: 살충제가 살생제가 될 수 있다는 사실, 흑사병과 말라리아로부터 벗어나기 위해 DDT 사용
  - 주제 발표를 위해 더 필요한 정보(질문): 살충제의 종류는 무엇인가? 살충제의 부작용과 내성은 무엇인가? 살충제에 대한 당시 대처 방법은 어떠했는가?

발표 정보 수집(개별)

책과 뉴스기사, 인터넷, 학술기사 등 다양한 정보원을 활용해 정보를 찾고 모은다.

- **책**: 화려한 화학의 시대, 침묵의 봄
- **잡지기사**: 과학동아, '살충제 잘못 쓰면 사람도 쓰러진다'
- **신문기사**: 영남일보, '살충제의 원리'

발표 개요 작성(개별)

주제와 주제 선정 이유, 탐구 결과, 종합 의견, 참고문헌, 보완점 순으로 발표 개요를 작성한다. 종합 의견을 작성할 때 자신의 삶과 연결 지어 쓰도록 한다. "앞으로 ~노력을 하겠다."와 같은 착한 결말로 끝내는 것이 아니라 솔직한 자신의 생각을 쓰도록 한다.

- **주제**: 유독물질(살충제)이 생명에 미치는 영향
- **주제 선정 이유** (예시: 나는 ~한 이유로 이 발표 주제를 정했습니다.)
  농약이 인체와 자연에 어떠한 영향을 주는지, 농약을 전혀 사용하지 않는 것만이 해결 방안인지 알기 위해서 주제를 선정했다.
- **탐구 결과**: DDT가 암을 유발할 수 있다. 농약을 사용하지 않는 것만이 대안은 아니며 자연에 폐를 끼치지 않는 방향으로 바꿔야 한다.

발표 프레젠테이션 자료 설계 및 리허설(개별)

발표 PPT는 보조자료이기 때문에 힘을 많이 들이지 않는다. 한 화면에 7줄을 넘기지 않아야 하며, 글꼴도 3개 이상 사용하지 않는다. 7줄을 넘어가면 원고를 줄줄 읽어나가는 사태가 벌어진다. 청중과 대화하듯 발표하려면 발표 보조자료는 힘을 빼야 한다. 순서 및 절차를 표시할 때는 숫자를 사용하되 글머리표는 블릿기호(■, ◇, ○)를 사용한다.

만약 모둠 발표라면 플랫폼(예: 캔바canva, 구글 슬라이드)을 활용해 협력적으로 발표 자료를 만들 수 있다. 학생들이 프레젠테이션을 작성하다가 중간 저장을 하지 않는 바람에 제출 직전 파일이 날아가는 일을 종종 목격한다. '구글 프레젠테이션'을 사용하면 중간 저장을 하면서 작업하지 않아도 된다. 구글 프레젠테이션의 최대 장점은 협업하여 슬라이드를 제작할 수 있다는 점이다. 무임승차를 방지하기 위해 모둠원 수만큼 슬라이드를 복사하여, 학생이나 조 이름을 지정할 수 있다. 협업하여 제작할 경우 실수로 다른 사람이 슬라이드를 지우지 않도록 "중요! 다른 사람의 슬라이느를 삭세하지 마세요."와 같은 경고문을 써 둔다. 프레젠테이션을 완성하면 발표자가 모둠원 앞에서 최종적으로 발표 리허설을 하고, 다른 모둠원들은 발표자에게 피드백을 한다.

발표하기(개별)

시간을 준수하며, 되도록 원고를 보지 않고 청중과 눈을 맞추며 발표한다. 발표 뒤에 자기 평가(소감) 및 이유를 말하거나 쓴다.

주제 중심 발표 과제를 평가할 때는 프레젠테이션을 만들어 보조자료로 활용하므로, 시각적 표현 항목을 포함한 평가기준을 만든다. 평가기준은 과제를 안내할 때 제시하여, 학생들이 발표 준비 과정에서 점검 도구로 활용하게 한다.

발표 평가를 위한 루브릭

평가기준	우수	보통	향상 필요
내용	주제 관련 풍부한 자료를 제공하며 주제를 명확히 제시하고 타당한 근거가 있다.	주제와 밀접하게 관련 없는 많은 정보를 제시한다.	주제가 불분명하며 주제를 뒷받침하지 않는 정보를 제시한다.
주제 지식	모든 질문에 대해 정교한 설명으로 답한다.	주제에 대한 정보가 부족하여 간단한 질문에만 답할 수 있다.	주제 관련 정보에 대한 이해가 없고 주제에 대한 질문에 답을 하지 못한다.
시각 자료	그래픽(삽화, 도표 등)으로 발표 내용을 설명한다.	발표 내용을 보완하는 그래픽이 일부 있다.	불필요한 그래픽이 있거나 그래픽이 전혀 없다.
발표 태도	원고를 완벽히 소화한 후 지속적 눈 맞춤을 하며, 명확한 목소리로 발표한다.	원고를 보며, 가끔 청자와 눈 맞추며, 발표하는 목소리가 낮아서 청자가 발표를 듣기 어렵다.	청자와 눈 맞춤 없이 발표 원고만 읽고, 웅얼거려서 교실 뒤편의 청자에게 거의 들리지 않는다.

심화영어 주제 탐구 학생 발표자료

발표는 결국 '공유'가 목표인 활동이다. 발표 과제를 제시할 때 왜 이런 활동을 하는지 제대로 전달하는 세심함이 필요하다. '공유의 힘'을 알려 주면, 공유하기를 어렵게 생각하는 학생들의 참여를 끌어내기 더 쉬워진다.

"나눌수록 관계는 돈독해집니다."
"나누면 나눌수록 서로 배우는 것이 많아집니다."
"배우고 공부한 것을 나누고 자기의 글과 말에 책임지는 태도가 중요합니다."

"학습이라는 것은 사람이 주인이 되는 것이기에 남들의 이야기는 내가 주체적으로 판단하고 받아들여야 합니다."

주제 중심 발표 활동은 모든 교과에 적용할 수 있다. 미술 시간에 '시대와 지역에 따른 미술의 교육에 대한 다양한 자료를 조사 및 분석하여 상호관련성을 근거로 PPT를 만들어 설명하기', 가정과학 시간에 '개인 및 가족의 발달 지원, 의식주 생활 관련 직업세계를 탐색하여 진로를 설계하여 발표하기', 공학일반에서 '공학 관련 사회적 기업의 생산품목 및 사회적으로 기여하는 범위를 조사하여 PPT를 이용해 발표하기', 영어 시간에 '수업시간에 다루지 않은 영미문학 작품 중 하나를 선택한 후 분석하여 소개하기' 등이 가능하다.

주제 중심 발표 활동지

1단계 발표 과제 파악하기

- 과제 시작일 :   년   월   일
- 과제 제출일 :   년   월   일
- 과제 형식 :

- 발표 시간 :   분 (슬라이드   장)
- 발표 대상 :   학년   반
- 발표 언어 :   영어 / 한국어

2단계 발표 계획하기

주제	
선정 이유	
주제 확장 키워드	① ② ③ ④

_____ 에 대해 내가 알고 있는 것은?

배경지식 확인하기	발표 주제에 대해 이미 알고 있는 것	주제 발표를 위해 더 필요한 정보 (알고 싶은 내용 중심으로 질문 작성)
	☐	☐
	☐	☐
	☐	

| 어떻게 찾나? (활용할 정보원 체크하기) | ☐ 도서(학교도서관 reading.ssem.or.kr) ☐ 학술기사(디비피아 dbpia.co.kr) ☐ 학위논문(국회도서관 dl.nanet.go.kr) ☐ 신문(빅카인즈 bigkinds.or.kr) | ☐ 뉴스 등 동영상 ☐ 통계자료(국가통계포털 kosis.kr) ☐ 웹사이트 - 백과사전(네이버 지식백과 terms.naver.com) - 지식정보(Science ON sciencon.kisti.re.kr) |

3교시_ 교과 학습을 위한 표현력 도구

3단계	발표 정보 수집(탐색 및 기록)
탐구 주제	
탐구 질문	☐ ☐

탐구 질문의 답을 정보원에서 탐색하여 정리하기

	책 제목	저자명(출판연도). 출판사. 참고한 쪽수	주요 내용
도서			

	학술 기사 제목	저자명(출판연도). 학회이름. 권(호). 참고한 쪽수	
학술지			

	기사 제목	인쇄	기자명(발행 연.월.일.). 신문사명. 페이지.	주요 내용
		인터넷	기자명. <인터넷 주소>	
신문				

	자료 제목	웹사이트명. <검색날짜>. <사이트주소>	주요 내용
인터넷			

4단계 발표 개요 작성

주제	
선정 이유	나는 ~한 이유로 이 발표 주제를 정했습니다.
탐구 결과	서론/본론/결론(문제와 해결, 원인과 결과 등)
종합 의견	자신의 삶과 연결지어 말하기
참고문헌	
보완점	

5단계 발표를 위해 프레젠테이션 설계하기

①	②	③	④	⑤
⑥	⑦	⑧	⑨	⑩

※ 첫 번째 슬라이드인 ①번에는 탐구 주제, 이름, 발표 일자를 정리하고, ②번부터 ⑨번까지는 탐구 내용을 이미지와 핵심어 중심의 카드뉴스 형식으로 정리한다. 마지막 슬라이드인 ⑩번에는 "발표를 경청해 주셔서 감사합니다."와 같은 인사말을 넣는다.

내용을 정리하며 더 깊게 이해해요: 그룹으로 마인드맵 만들기

그룹으로 마인드맵 만들기는 짝 또는 그룹으로 마인드맵을 만들며 서로 설명하는 활동이다. 그룹으로 마인드맵을 만들 때는 순차적으로 돌아가며 하나씩 그려 나간다. 이때 마인드맵은 다른 사람이 볼 때 스스로 읽을 수 있게 그리는 것이 핵심이다.

그룹으로 마인드맵을 그리는 활동은 다양한 방법으로 활용될 수 있다. 첫째, 책을 읽거나 자료를 조사한 후 키워드를 중심으로 학습한 내용을 정리하는 방법이다. 학습 내용을 정리할 때 그룹으로 마인드맵을 그리면 전체 내용의 흐름부터 세부적인 내용까지 책을 더 깊게 이해할 수 있다. 이 과정에서 내용을 잘 아는 학생이 미흡한 부분을 보충하기도 하는데, 그러면 공부가 부족한 학생이 도움을 받을 수 있다. 둘째, 프로젝트의 시작 단계에서 브레인스토밍처럼 새로운 것을 만들어내기 위한 사전 작업의 도구로 사용 가능하다. 글을 쓰기 전 목차를 구성하는 개요도로 활용할 수도 있다. 그룹으로 마인드맵을 만들면, 학생들이 서로 협의하기 때문에 더 풍성한 마인드맵이 만들어진다.

마인드맵과 개념도는 유사해 보이지만 차이점[19]이 있다. 마인드맵은 토니 부잔Tony Buzan이 창시했는데, 마인드맵으로 명명하기 위해서는 색깔을 사용하고, 단어의 길이와 가지의 길이를 맞추고, 이미지나 그림을 활용해야 한다. 마인드맵의 지도 절차는 다음과 같다.

마인드맵 활동의 이해 단계에서는 마인드맵의 의미와 효과, 작성법을 안내한다. 마인드맵을 그리고 나면 마인드맵을 전시하거나 발표하여 공유하게 한다. 동일한 학습 주제로 다른 그룹에서는 어떻게 마인드맵을 그렸는지 비교하며, 오개념은 없는지 상하위 단계에 맞춰 결합을 잘했는지 확인한다.

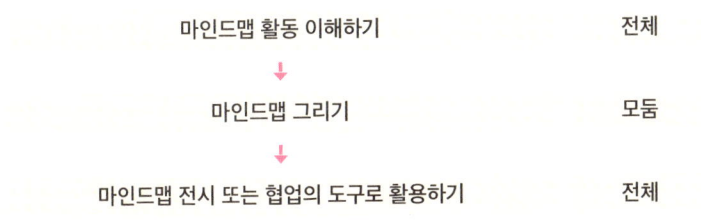

영어 시간에 영어 가이드 잡지를 만들기 위한 사전 작업으로 그룹별로 마인드맵을 만들게 했다. 그 마인드맵을 앞으로 제작할 잡지의 목차라고 생각하고 작성하도록 했다.

마인드맵 활동 이해하기(전체)

마인드맵 샘플을 보여 주며, 마인드맵 작성법과 유의사항에 대해 설명한다. 학생들이 샘플을 보면 마인드맵을 어떻게 그려야 하는지 감을 잡는다. 활동지는 여럿이 대화하며 그리기 때문에 되도록 B4 또는 A3 용지로 배부한다.

- **마인드맵 작성법**
  - 종이를 가로로 놓고 중심에서 시작한다.
  - 두꺼운 쪽이 중심에 오도록 유선형의 가지를 그린다.
  - 이미지와 연관된 핵심단어를 써 넣는다.(선의 길이=단어의 길이)
  - 두 번째 단계의 가지를 가는 선으로 표현한다.(가지는 떨어지지 않게 잇는다.)

- **유의점**

유의점	좋아요	나빠요
가지선에 한 단어만	준비	준비는 어떻게?
가지선과 단어는 가로로 쓰기	준비 교통 항공 기차	준비 피플 승요 기차
가지는 유기적 연결 떨어지지 않게	지역 팀 뉴캐슬 런던 리버풀 맨체스터	뉴캐슬 런던 지역 팀 리버풀 맨체스터
가지를 뻗다가 막히면 되돌아오지 않고, 다른 중심에서 시작	도시 리버풀 야구 FC 리버풀 도시 리버풀 야구 고명 리버풀 DC	도시 리버풀 야구 FC 리버풀

마인드맵 그리며 설명하기(모둠)

마인드맵의 규칙에 유의하며 모둠별로 또는 짝과 함께 마인드맵을 만든다.

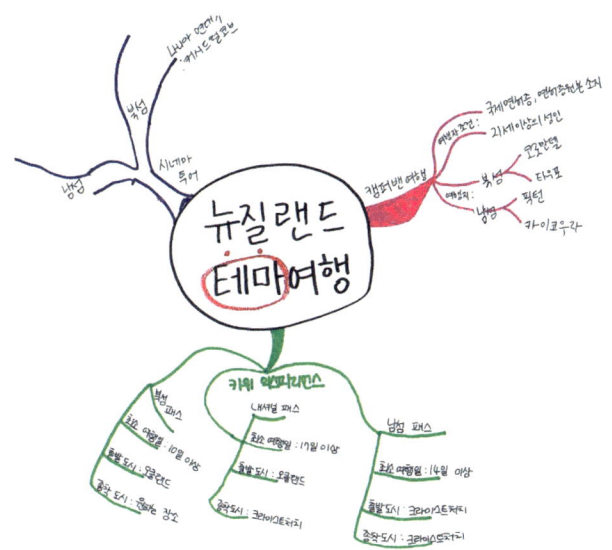

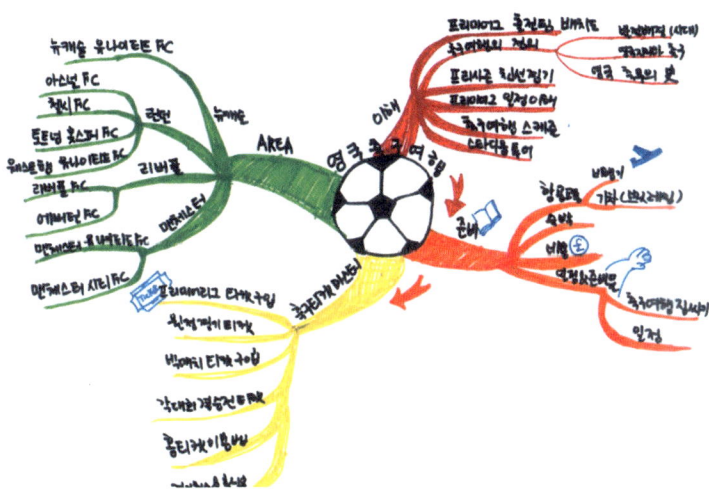

마인드맵을 협업의 도구로 활용하기(전체)

모둠별로 작성한 마인드맵은 매 차시 잡지 쓰기 활동을 할 때 참고한다. 자료 조사의 과정을 통해 새로운 정보를 얻게 되거나 아이디어가 생긴다면 마인드맵의 가지를 추가로 그리며 보완한다.

"마인드맵이 있어서 방향을 잡을 수 있었고, 자료 조사 시간을 아낄 수 있었어요." 학생들이 마인드맵을 글의 개요도로 활용하며, 이를 토대로 자료 조사를 하고 글을 쓰는 모습을 확인할 수 있었다. 혼자 그리면 가지가 풍성하게 뻗어가지 못하지만, 함께 그리니 주가지와 곁가지 모두 다양한 아이디어로 채워졌다.

그룹으로 마인드맵 만들기 활동은 다양한 교과의 학습 과제에 활용할 수 있다. 국어 시간에 기후위기와 관련하여 분량이 긴 책을 읽고 글의 구조와 내용을 정리하기, 세계지리 시간에 우크라이나 전쟁 관련 뉴스 기사를 찾아 5W1H(why, where, what, who, when, how)로 요약하기, 문제의 원인과 결과가 복잡하게 얽혀 있는 글을 읽을 때 등에 적용하면 내용을 쉽게 파악하고 오래 기억할 수 있다.

◆ 그룹으로 마인드맵 만들기를 지도할 때 참고하기 좋은 자료

『메타인지 수업』 이성일 지음 | 경향BP

생각을 내보이고 설득하는 힘을 키우는
쓰기 표현력

 동영상의 시대로 넘어가고 있지만, 여전히 중요한 결정은 쓰기에 의해 이루어진다. 세상은 계약서, 공문서, 제안서, 계획서, 보고서 등 쓰인 글로 움직인다. 읽기의 과정은 머릿속의 인지과정이라 보이지 않지만, 글쓰기는 눈에 보이는 활동이기 때문에 학생들이 어떻게 사고하는지 엿볼 수 있다. 교사는 쓰기를 통해 학생이 어떻게 사고하는지 관찰할 수 있고, 학생은 쓰면서 자신이 제대로 이해했는지 확인할 수 있다.

 학교 수행평가 계획을 보더라도 실험보고서, 독후감, 서평, 제안서, 주제 탐구 보고서 등 쓰기 활동이 주를 이룬다. 수행평가를 할 때 글쓰기의 틀 없이 과제를 수행하게 하면 학생들은 어려움을 호소한다. 학생들의 인지적 부담을 덜어 주려면 내용교과의 글쓰기 수업에서도 글쓰기의 틀을 친절하게 제공할 필요가 있다. 틀을 제공하면 '천편일률적인 글을 쓰지 않을까' 우려할 수도 있지만, 학생들이 각자 가지고 있는 개성과 경험, 생각이 다르기 때문에 모두 같은 글을 쓰지 않는다. 또한 글쓰기 틀을 통해 글을 제대로 읽고 쓰는 방법을 배우면서, 어디서든 활용 가능한 기본기를 다지게 된다.

 최근 글쓰기 수업은 손으로 쓰는 표현 활동에서 컴퓨터 쓰기 수업으로 확장되고 있다. 컴퓨터로 쓰기는 수업에서 컴퓨터를 가장 잘 활용하는 방법이기도 하다.[20] 요즘은 인터넷에 디지털 글쓰기를 도와주는 플랫폼들이 개발되어 있다. 구글, 망고보드Mango board, 캔바Canva, 미리캔버스Miricanvas가 대표적이다. 컴퓨터로 글을 쓰면 수정이 쉽고, 심리적 부담이 적다는 장점이 있다. 교사는 학생들이 온·오프라인 공간을 넘나들며 다양한 도구를 활용하여 글을 써보는 경험을 하도록 지도할 필요가 있다.

학교 밖 세상에서 가장 쓰임 있는 글을 써요: 보고서 쓰기

실제로 보고서는 학교 밖 세상에서 가장 쓰임이 많다. 보고서는 자기주도적인 탐구 활동이다. 주제를 정하기 위해 교과서를 살펴보는 과정에서 자연스럽게 자기와 연결된 주제를 찾게 되고, 이에 대한 탐구 활동은 지식과 삶을 연결한다. 보고서 쓰기는 책, 인터넷에서 다양한 자료를 수집하고 정리하여 글로 표현하는 것이다. 이 과정에서 본문 내 인용, 참고문헌 작성 방법도 학습할 수 있다. 보고서 쓰기의 절차는 다음과 같은데, 각 단계별로 교사가 도움을 제공하면 학생들은 보고서를 더 잘 쓸 수 있다.

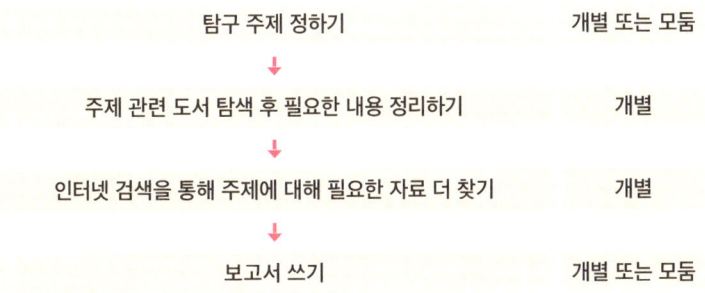

생명과학 시간에 수행평가 과제로 '생물다양성' 보고서 쓰기 활동을 했다. 생물다양성 감소 원인 및 대책을 찾아 실천의지를 갖도록 하는 것이 목표였다. 생물다양성 텍스트 읽기 수업을 할 때 공격적으로 읽는 과학 독서를 했다. 그때 과학책을 처음부터 끝까지 읽는 것을 강요하지는 않았다. 질문과 키워드에 따라 필요한 부분을 발췌해서 읽고, 거기에서 흡족한 설명과 해답을 찾지 못하면 다른 책들을 찾아 읽도록 하여 흥미를 유지하도록 했다.

보고서 탐구 주제 정하기(개별 또는 모둠)

브레인스토밍을 통해 주제와 관련된 자기 경험과 배경지식을 떠올린다. 브레인스토밍을 통해 얻은 키워드를 활용해 주제를 정한다. 관심 주제가 없다며 첫 단계부터 어려움을 호소하는 학생이 반마다 2~3명씩 있는데, 이 경우 교사가 후보 주제를 제시하고 학생들에게 그중에서 고르게 한다.

- 우리 모둠의 탐구 주제는?
  - 생물다양성 감소 이유와 대책
- 주제에 대한 배경지식
  - 브레인스토밍 키워드
    무관심, 이기주의, 단일작물, 멸종, 지구온난화, 채식, 소방귀, 심각성 인식 부족, 멸종, 이기주의 수렵, 인간, 환경파괴
  - 주제에 대해 이미 알고 있는 것
    수많은 종이 멸종되었는데 그중 다수는 거주지가 파괴되었기 때문이다.
    환경 파괴의 대표적 원인으로 공기오염과 벌목을 들 수 있다.

꿀팁

- 가장 관심 있는 분야에서 선택한다.
- 자신의 힘으로 다룰 수 있어야 한다.(범위 축소, 구체적, 명확한 주제)
- 주제 관련 자료가 있어야 한다.
- 새롭고 의미가 있어야 한다.

주제 관련 도서 탐색 후 필요한 내용 정리하기(개별)

도서관에 미리 주제 관련 책 바구니를 만들어 놓는다. 각 주제별로 책을 대략 10권씩 선정하여 바구니에 넣어 둔다. 깊이 있는 책부터 쉬운 그림책까지 다양한 수준의 책을 준비한다. 이때 책의 목차와 색인 활용법을 알려 주고, 1인당 2~3권 정도 발췌독을 하게 한다. 찾은 내용이나 읽은 내용 중 의미가 있다고 판단되는 내용에 메모를 하도록 한다.

- **도서관에서 필요한 책 검색하기**
    - 최재천, 생물다양성은 우리의 생명
    - 김추령, 오늘의 지구를 말씀드리겠습니다
- **발췌독 후 필요한 내용 정리하기**
    - **생물다양성 감소 원인**: 근본적 이유는 인구 증가에 따른 서식지 파괴와 사냥, 빈곤, 부패와 세계화이다. 인구가 증가함에 따라 환경문제와

자원 수요, 오염이 증가했다.

인터넷 검색을 통해 주제 관련 필요한 자료 더 찾기(개별)

한 시간 책 읽기를 통해 자료를 찾았다면, 다음 시간에는 컴퓨터를 활용해 책에서 찾지 못한 정보를 탐색하게 한다. 인터넷 검색 활동을 할 때는 학교도서관이나 컴퓨터실을 사용한다. 인터넷 검색을 할 때도 교사가 미리 유용한 인터넷 사이트를 찾아서 정리해 두고, 해당 사이트의 정보가 부족할 때 포털 검색을 하도록 한다. 인터넷에서 찾은 자료를 그대로 베끼거나 짜깁기한 것은 금방 알 수 있다. 이에 대한 주의를 주고, 학생들에게 활용한 자료의 출처를 양식에 맞춰 기록하도록 한다.

- 정보를 탐색하는 데 도움이 되는 키워드 리스트 작성하기

  생물다양성, 멸종위기, 사막화, 삼림파괴, 지구온난화, 인간 경제 활동과 자연의 관계

- 정보 수집 및 기록 내용

  - 서식지 감소: 자연림은 감소하고, 조림지가 증가했다. 해양 및 담수생태계의 경우 저인망 어업으로 바다의 바닥이 매년 약 1,500만km^2 파괴되고 있다.

  - 외래종 사례: 뉴질랜드 키위새는 고도의 침입성을 지닌 외래종으로

인해 멸종위기에 처해 있다.

- **수집한 정보와 내 생각의 연결**(아이디어)

생물다양성 감소는 무관심과 자기중심적 사고에서 비롯된다. 대책은 작은 일부터 시작되어야 한다. 예를 들어 가까운 거리는 걸어 다니고, NGO와 같은 단체를 가입 및 후원한다. 생물다양성 감소 문제를 심각하게 여기는 태도가 중요하다.

보고서 쓰기(개별 또는 모둠)

자료 정리가 끝났다면 본격적으로 보고서 작성을 시작한다. 이때 개요 작성 틀을 제공한다. 개요를 확실히 해두면 내용을 구조화할 수 있어 보고서 쓰기가 편해진다. 학생들은 자신의 생각이나 새롭게 알게 된 정보를 어떤 순서로 쓸 것인가 생각하며 개요를 작성한다. 주제 선정 이유는 자신의 관심사와 흥미를 연결하고, 탐구 결과는 개념, 실태, 문제와 해결방안, 사례 등을 알아내서 쓴다. 종합의견에는 탐구하며 든 자신의 생각, 주관적 해석을 쓴다. "앞으로 ~한 노력을 하겠다."와 같은 무난한 결론으로 끝내지 말고, 자신의 현재 처지에서 책임질 수 있는 다짐만 솔직히 쓰도록 한다. 글의 주제에 따라 작성한 개요는 관련 자료를 읽고, 정리하는 과정에서 변경될 수 있다. 만약 개요 짜기를 제대로 못한다면 보고서를 쓸 수 없으므로 개요 작성이 부족한 학생은 일대일로 지도한다.

보고서 작성은 아이디어에 기반을 둔 창작물이 아니라 정보에 기반을 둔 결과물이라는 점을 명확히 강조하고, 보고서의 틀과 작성 방법을 알려 주어 모든 학생이 보고서를 잘 마무리할 수 있도록 한다.

보고서 쓰기는 다양한 교과에서 수행평가 과제로 제시되고 있다. 정치와 법 시간에 '기본권 보호 사례 탐구 보고서 쓰기', 가정 시간에 '복지로 사이트에서 관심 있는 복지서비스를 조사하여 증빙 자료를 바탕으로 보고서 쓰기', 통합사회 시간에 환경보전 문제, 교통 통신의 발달과 정보화로 나타난 생활공간 및 양식의 변화 문제, 세계의 인구 분포와 구조 양상 중 한 가지를 선택하여 문제와 해결 방안을 제안하는 주제 탐구 글쓰기 등의 활동이 가능하다. 이런 활동 과정 중에 보고서 작성 가이드라인을 제공한다면 더 좋은 결과물을 만들어 낼 수 있을 것이다.

보고서 개요

서론	주제	생물다양성 감소 이유와 대책
	주제 선정 이유	자연은 복잡한 메커니즘 속에서 작용하는 것이므로 생물 하나하나에 인간의 존속이 달려 있다. 최근 생물다양성이 감소하고 있는 실태는 인간에게 지대한 영향을 끼칠 것으로 전망된다.
본론	탐구 결과	1) 탐구방법 - 조원이 각자 탐구할 소주제를 정해서 생물다양성에 관한 책들에서 자신의 주제와 관련된 부분을 찾아 읽고 공유한다. - 인터넷 포털 사이트를 이용해 생물다양성 이론, 감소 그래프, 대책 방안을 참고한다. - 생물다양성 전문가와 인터뷰한 내용을 다룬 기사 모음을 활용해 부족한 부분을 채우는 데 이용한다. 2) 주된 의견 생물다양성 감소 이유와 대책에 대한 예시와 사례와 관련해 다양한 의견이 제시되었다. 여러 의견의 공통적인 부분은 생물다양성 감소 원인이 인간의 무관심, 수렵, 무분별한 개발 산업, 지구온난화, 돌연변이 등과 같은 것이었다. 3) 다른 의견 대책 부분에서 서로 의견이 상이했다.
결론	종합 의견	최근 거론되고 있는 생물다양성 감소의 문제가 인간만의 산물은 아니지만 그 최대 공로는 인간에게 돌리는 것이 합당하다. 꼭 환경을 훼손하는 것이 아니라도 인간은 매우 다양한 방법으로 자연에게 부정적 영향을 주고 있다는 것이 확인되었다. 이제는 그저 편리함 또는 효율성을 따질 시기가 아니라 지금 행하는 행동의 결과에 대해 꼼꼼히 따져 보고 책임감 있게 살아가야 하는 시대이다. 70억 인구가 화합을 이뤄 평화롭게 살아가려면 환경 보존이 우리에게 필수불가결한 논제이다.

결론	참고문헌		3가지 이상의 정보원을 활용할 것
		책	(저자명. 출판연도. 도서제목. 출판사) 최재천 외. 2012. 생물다양성은 우리의 생명. 궁리 김추령. 2012. 오늘의 지구를 말씀드리겠습니다. 양철북
		학술지	(저자명. 출판연도. 논문제목. 학회이름 권(호). 수록 페이지) 멸종의 시대에서의 생물다양성의 역할(출처: ReSEAT 분석리포트. 김철구 작성. 2021년 발행본) 동부 대만해협에서 멸종위기 돌고래의 서식지 보전(ReSEAT 분석리포트. 한상빈 작성. 2011)
		신문	(기자명(발행연.월.일.). 기사제목. 신문사명. URL)
		인터넷	(웹사이트명. 작성연도. 자료제목. 검색날짜. <사이트주소>) 미생물자원센터. 생물다양성이란. 2022.12.28 <kribb.re.kr>
	보완점		좀 더 세밀하게 역할을 나누고 체계적으로 준비할 것이다. 이해를 도울 수 있는 생물다양성 감소 원인에 대한 예시가 부족했다.

보고서 작성을 위한 개요 짜기

서론	주제	탐구 주제의 의미		
	주제 선정 이유	왜 이 글을 쓰는가?/관련된 자신의 경험		
본론	탐구 결과	1) 실태 2) 원인 3) 해결방안		
결론	종합 의견			
	참고문헌	3가지 이상의 정보원을 활용할 것		
		책	저자명(출판연도). 도서제목. 출판도시:출판사	
		학술지	저자명(출판연도). 논문제목. 학회이름 권(호). 수록 페이지	
		신문	기자명(발행연.월.일.). 기사제목. 신문사명. URL	
		인터넷	웹사이트명(작성연도). 자료제목. [검색날짜] <사이트주소>	
	보완점			

몰아 쓰기를 방지하는 메모를 해요: 참고문헌카드

학생들에게 보고서나 발표 과제를 부여할 때 충분한 시간을 주었는데도 결과물의 완성도가 떨어지거나, 결과물을 제출하지 않은 학생이 있을 때가 있다. 제출기한이 촉박하여 몰아 썼거나 포기한 경우다. 몰아 쓰면 아무런 배움도 일어나지 않기 때문에 교과 시간에 과제를 해결할 시간과 도구를 제공하는 것이 좋다.

자료를 읽고 요약한 후 출처를 쓰게 하는 참고문헌카드는 몰아 쓰기를 방지하고, 글쓰기 윤리를 학습하도록 도와준다. 학생들이 조사 보고서를 작성하거나 그 외 다른 결과물을 만들 때 자료를 인용했다면, 참고문헌카드를 첨부하거나 매 차시별로 제출하도록 한다. 책, 뉴스기사, 인터넷 사이트 등 정보의 유형별로 참고문헌카드를 쓰게 하면 학생들은 다양한 정보원을 활용하여 텍스트를 찾아 읽는다. 참고문헌카드 작성을 위한 지도 절차는 다음과 같다.

참고문헌카드 작성 방법 이해하기	전체
↓	
주제 탐구를 위해 책을 선정하여 발췌독	개별
↓	
내용을 요약하여 출처를 기재하기	개별
↓	
돌려 읽고 고쳐쓰기	모둠
↓	
참고문헌카드 공유하기	전체

생명과학 시간에 '방어작용' 상상 보고서 작성을 위해 참고문헌카드를 활용했다. 학생들에게 가장 관심 있는 질병을 골라 책을 읽으며 핵심어를 찾고, 내용을 요약하여 출처를 쓰게 했다. 보고서의 개요에 따라 참고문헌카드를 작성하여 보고서를 차근차근 준비하도록 했다.

참고문헌카드 작성 방법 이해하기(전체)

참고문헌카드 의미, 작성하면 좋은 점, 작성 방법을 설명한다. 책 한 권을 예시로 들어 참고문헌, 핵심어, 내용 요약 방법을 알려 준다.

- **참고문헌카드란?**
  내용 요약 후 출처를 정확히 밝혀서 쓰는 것을 도와주는 양식이다.
- **참고문헌카드를 작성하면 좋은 점**
  중요한 내용을 메모하고 출처를 표시하도록 하여, 과제 몰아 쓰기를 막아 준다.
- **참고문헌카드 작성 방법**
- 주제와 관련한 도서를 고르고, 발췌하여 읽는다.
- 핵심어 찾기: 각 문단별로 저자가 말하고 싶어하는 가장 중요한 단어가 한두 개씩 있고, 문단의 중심문장이 핵심어와 관련되어 있다는 사실을

알려 준다.

- 문단별 요약하기
- 각 문단별로 무엇에 관한 내용인지 생각해 보고 제목으로 표현한다.
- 참고문헌 밝히기

판권지에서 출처 기재를 위해 필요한 저자명, 출판연도, 책제목, 출판사 정보를 찾고, 순서에 맞춰 기재한다.

(예시) 『우리가족 건강을 부탁해요』를 읽고 요약하기	
핵심어: 에이즈 문단 요약: 에이즈의 정의와 원인	에이즈는 HIV(인간면역결핍바이러스)라고 하는 특별한 바이러스에 감염되어 면역체계가 약해지는 병이다. 처음에는 증상이 없지만 수년이 지나면서 면역력이 약해지면 치명적인 감염증이나 암을 일으키면서 증상이 생긴다. 에이즈 환자는 보통 사람은 걸리지 않을 감염을 막을 수 없어 감염증이 생기고, 보통 사람들은 생기지 않는 특이한 암에 걸리게 된다. 그 이유는 HIV가 T-림프구를 비롯한 우리 몸의 면역 시스템의 핵심을 공격해서 무력화시켰기 때문이다.
핵심어: HIV 문단 요약: 에이즈의 감염경로	HIV에 감염된 사람의 혈액, 정액, 질분비액, 모유에는 HIV가 있어서 다른 사람에게 전염시킬 수 있다. 하지만 침이나 땀은 문제가 안 된다. HIV는 이 바이러스에 감염된 사람과 콘돔을 사용하지 않고 성관계를 가진 경우, 감염인이 사용한 주사기나 주사바늘을 다시 사용하거나 찔리는 경우, HIV에 감염된 혈액을 수혈받을 경우, 감염된 산모의 임신 또는 수유 등 특별한 경로를 통해 전염된다. 보통 일상적인 접촉으로는 감염되지 않는다.
중략	

에이즈

- 참고문헌(저자명. 출판연도. 책제목. 쪽수. 출판사)
  - 김철환. 2008. 우리가족 건강을 부탁해요. 김영사. 225-227.
- 핵심어: 에이즈, HIV바이러스
- 내용 요약
  - 정의: HIV바이러스에 감염되어 면역체계가 약해지는 병
  - 원인: HIV가 면역시스템의 핵심을 공격해 무력화시켜 생김
  - 감염경로: 혈액, 정액, 모유 통해 타인을 감염시킴
  - 증상: 식욕부진과 피곤함, 발열, 체중 감소
  - 치료법: 완치 방법 없음. 약 23가지의 항바이러스제 사용 중

※ '바이러스'를 탐구하는 모둠이라면 에이즈, 인유두종바이러스, 에볼라, 메르스에 대해 각자 읽고 참고문헌카드를 작성하고 이를 모아 공동의 보고서를 작성할 수 있다.

주제 탐구를 위해 책을 선정하여 발췌독하기(개별)

탐구하고 싶은 주제를 고르고, 주제에 대해 학습할 수 있는 책을 2권 골라 발췌독을 한다. 학교급, 학습자의 수준에 따라 참고문헌카드의 개수, 크기, 분량을 조정한다.

- **탐구 주제**: 바이러스
- **선택 도서**
  - 칼 짐머. 2013. 바이러스 행성(39~49). 위즈덤하우스

내용을 요약하고, 출처 쓰기(개별)

발췌독한 내용 중 의미 있다고 판단한 내용을 요약하거나 구조화하여 출처와 함께 기재한다.

- 바이러스 관련 핵심어: 인플루엔자, 면역계, 병원체, 삼중재조합체
- 내용 요약
  - 어원: '영향'을 뜻하는 이탈리아어
  - 감염경로: 기침, 재채기를 통해 방출하는 미세한 액체방울
  - 바이러스의 기원: 조류
  - 가장 잘 발생하는 계절: 겨울
  - 인플루엔자의 숙주: 인간, 말과 개를 비롯한 포유동물
  - 과학자들이 하는 일: 바이러스의 진화를 추적하여 더 효과적인 백신을 만드는 법을 터득 중

모둠원끼리 돌려 읽고 고쳐쓰기(모둠)

작성을 완료한 모둠부터 모둠원끼리 돌려 읽고, 출처 및 내용에 오류가 있다면 고친다. 교사는 학생들이 작성한 참고문헌카드를 확인한다. 이때 내용이 부정확하거나 출처를 제대로 기재하지 않았다면 다시 작성하게 한다.

완성한 참고문헌카드 공유하기(전체)

교사 확인을 받은 학생은 참고문헌카드를 칠판이나 게시판에 부착한다. 모둠별 대표 학생이 발표하고, 다른 학생들은 경청한다.

참고문헌카드를 제대로 작성하지 못하는 학생을 어떻게 지도해야 할까? 주제 내용을 제대로 이해하지 못하면 참고문헌카드를 작성하기 어렵다. 자신이 무엇을 알고, 무엇을 모르는지 파악하지 못한다. 이러한 학생은 구글의 세계로 들어가 헤매기보다는 교과서를 먼저 읽으며 주제에 대한 개념을 파악하고, 책과 잡지 등을 활용하게 한다.

참고문헌카드 쓰기 활동은 보고서 작성이나 프레젠테이션 등 결과물의 준비 단계에서 활용 가능하다. 예를 들어 국어 시간에 국제 인권 규약문에서 다루는 주제 관련 인권침해 상황을 책과 뉴스 기사에서 찾아 매 차시별로 작성하고, 이를 토대로 토론을 실시한다면, 차시별로 참고문헌카드를 작성하도록 한다. 책이나 인터넷에서 찾은 정보를 2개의 참고문헌카드로 나눠 쓰게 하고, 이를 토대로 토론할 수 있다. 체육 시간에 단체운동에 대해 공부한다면, 모둠별로 맡은 단체운동 종목의 특징, 경기 규칙을 참고문헌카드에 메모하고, 이를 바탕으로 단체운동을 소개하는 카드뉴스를 만들 수 있다.

🔖 **참고문헌카드 작성을 지도할 때 참고하기 좋은 자료**
『수행평가와 채점기준표 개발』 김선, 반재천, 박정 지음 | AMEC

참고문헌카드

뉴스 기사	책

• 주제:
• 출처(기자명. "기사제목". ○○일보(연.월.일.))
 	
• 검색어(키워드)
 	
• 기사 요약(5W1H)
  - who
  - when
  - where
  - what
  - why
  - how
	• 주제:
	• 출처(저자명. <발행연도>. 책제목(pp.페이지). 출판사)
	
	• 핵심어
	
	• 내용 요약

학술지	인터넷
• 주제: • 출처 (저자명. "학술기사명". 학술지 이름. 권호) • 내용 요약 • 관련어(유사어)	• 주제: • 출처(사이트명. URL. 검색일자) • 검색어 • 내용 요약

위키백과 편집을 통해 집단지성을 경험해요: 위키백과 글쓰기

"자료 검색을 할 때 가장 먼저 찾아보는 정보원은 무엇인가요?"
"유튜브YouTube요!" "위키백과Wikipedia요." "나무위키Namuwiki요."

위키백과는 학생들이 과제를 수행할 때 '나무위키' 다음으로 활용 빈도가 높은 정보원이다. 디지털 네이티브 학생들은 주로 나무위키, 위키백과, 유튜브에서 필요한 정보를 찾는다. 학생들의 자료 조사 과정은 결과물에서도 드러난다. 보고서와 발표 슬라이드의 마지막 페이지에 "참고문헌: 나무위키", "출처: 위키백과"라고 써서 제출한다. 학술적 글쓰기, 평가받는 글쓰기(수행평가)의 경우 위키백과를 출처로 밝히면 안 된다고 반복하여 설명하지만 소용이 없다.

이 문제를 해결하기 위한 방법은 학생들을 위키백과의 문서 생성과 편집에 참여하게 하는 것이다. 위키백과 편집을 한 번이라도 경험한다면, 위키백과의 사용법을 자연스럽게 터득하게 된다. 학생들에게 위키백과 사용을 금시하는 것보다 상황에 맞춰 활용하는 법을 익히게 하는 것이 중요하다. 신조어나 전혀 모르는 단어의 경우 위키백과를 활용하면 전체 내용에 대해 감을 잡을 수 있다. 개괄적으로 내용을 파악하여 예비조사를 할 때 유용하다. 학생들은 저자가 남긴 텍스트에 새로운 정보를 더하고 재해석하며, 저자 '들'이

되어 보는 과정을 통해 위키백과에서 글쓰기 주체의 지위가 어떠한지 체감하게 된다. 학생들은 누구나 글쓴이가 되는 하이퍼텍스트의 개방성을 직접 경험하며 위키백과를 왜 비판적으로 읽어야 하는지, 왜 중요한 문서에 위키백과를 출처로 기재해서는 안 되는지 깨닫는다. 위키백과 글쓰기의 지도 절차는 다음과 같다.

단계	대상
위키백과 글쓰기 활동 이해하기	전체
↓	
위키백과 글쓰기를 하고 싶은 주제(키워드) 뽑기	개별
↓	
위키백과 편집을 위한 정보 찾아 모으기	개별
↓	
위키백과 편집하기	개별
↓	
동료집단의 평가에서 살아남았는지 확인하기	개별

음악 시간에 '서양음악사' 학습을 위해 위키백과 글쓰기 수업을 했다. 학생들은 서양음악사에서 다루는 클래식이 광고나 카페, 드라마 등 우리 삶과 밀접한 연관이 있음에도 자신의 삶과 관련이 없다고 여긴다. 클래식을 고리타분한 취향으로 여기기 때문에 '위키백과'라는 친숙한 매체를 활용한 글쓰기를 통해 음악의 역사를 재미있게 탐구할 수 있는 기회를 주고자 했다.

위키백과 글쓰기 활동 이해하기(전체)

본격적인 글쓰기에 앞서 위키백과의 의미, 위키백과 글쓰기의 좋은 점, 체계화 방식과 편집 방법에 대해 설명한다. 여기서 '편집'이란 자신이 맡은 표제어(키워드)를 검색하고, 기존의 위키백과에서 다루지 않았던 범위의 내용을 추가하거나 삭제하는 것을 말한다. 학생들은 정보의 이용자로 위키백과 읽기만 경험한 경우가 많으므로, 교사는 위키백과에 접속하여 편집하는 과정을 시연한다.

- **위키백과의 뜻**

    '위키위키$_{wikiwiki}$'란 하와이 말로 '빨리빨리'란 뜻[21]이다. 위키 방식은 주인이 따로 없는 공동문서로 사용자들이 빨리빨리 수정해 나가는 형태의 글쓰기를 말한다.

- **위키백과의 체계화 방식**

    누구나 수정할 수 있지만, 자신이 쓴 글에 대해 소유권을 주장할 수 없다. 즉, 지식 공유의 경계가 없다. [역사 보기] 메뉴를 통해 편집의 역사를 파악할 수 있으며, 동료평가를 통해 신뢰도를 확인할 수 있다.

- **위키백과 편집 방식**

    위키백과 접속 → 표제어 검색 → [편집] 버튼 누르고 내용 수정 → [역사 보기]

위키백과 글쓰기를 하고 싶은 주제(키워드) 뽑기(개별)

바로크 음악을 맡았다면 비발디, 바흐와 같은 음악가나 오페라의 발전과정을 탐구 주제로 정한다. 고전 음악을 탐구한다면 하이든, 베토벤 등의 작곡가나 호른 같은 악기를 키워드로 뽑는다.

- **주제**: 고전 음악
- **표제어(키워드)**: 론도 형식

위키백과 편집을 위한 정보 찾아 모으기(개별)

다양한 매체를 활용하여 주제 관련 정보를 찾아 모은다.

- **참고한 도서**: 제러미 시프먼, 『모차르트 그 삶과 음악』
  서두에 나온 주제가 '에피소드'라고 불리는 대비되는 악절들 사이에 반복적으로 등장하는 형식의 악장. 가장 간단. 'A-B-A-B-A', 'A-B-A-C-A-D-A.' 모차르트는 대개 스케일이 큰 작품 안에서 론도 형식을 썼지만 독립적인 론도 작품(독주 피아노를 위한 론도, 피아노와 오케스트라를 위한 론도, 바이올린과 오케스트라를 위한 론도)도 여러 차례 썼다.
- **참고한 웹사전**: 두산백과 두피디아. 론도 형식. terms.naver.com
  음악에서 주제부가 순환하는 사이에 대조적인 삽입부가 끼어 있는 형식. 17세기 프랑스의 론도에서 발달. 모차르트 <피아노 소나타 제11번

터키행진곡> 성악곡에서도 볼 수 있다. 예를 들면 크리스토프 글루크 <오르페오와 에우리디케>의 아리아 <에우리디케 없이 어떻게 할까?> 가 있다.

위키백과 편집하기

위키백과의 해당 글에서 수정하고 싶은 내용, 위키백과에 추가하고 싶은 내용, 오류를 찾아 편집한다.

- **편집**: 내용 추가

또, 론도 형식은 흔하지는 않지만 성악곡에도 이용되는 경우가 있다. 그 예시로는 크리스토프 글루크의 <오르페오와 에우리디케>의 아리아 <에우리디케 없이 어떻게 할까?>가 있다.

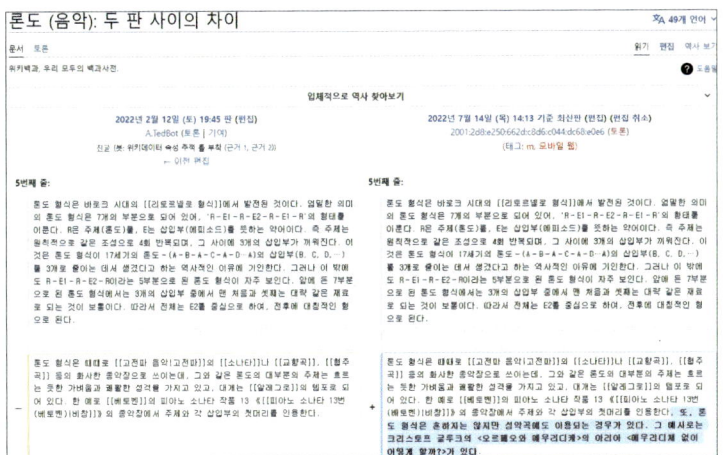

동료집단의 평가에서 살아남았는지 확인하기

편집을 마친 후 [역사 보기]를 클릭하여 이전 판으로 편집이 돌려졌는지 확인한다. 만약 편집이 취소되어 있지 않다면 클래식 덕후들의 평가에서 살아남은 것이다. 아래 예시 화면을 보면, '론도(음악)'로 편집한 내용이 동료 집단의 평가에 살아남았음을 알 수 있다.

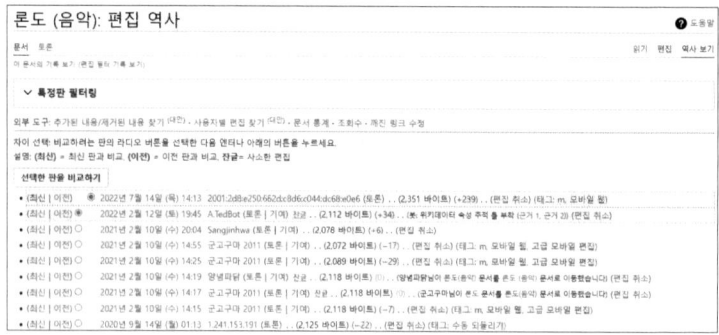

위키백과 글쓰기를 지도할 때 유의점은 첫째, 편집하는 분량보다는 자신의 개성, 주관적 견해, 위키백과에 없는 내용, 위키백과에 실려 있는 내용 중 편집이 필요한 내용에 집중하도록 하는 것이다. 편집은 '창작'이 아니므로 정확한 정보에 근거하여 써야 하는데, 그러려면 '인용'을 할 줄 알아야 한다. 학생들이 어디서 정보를 가져왔는지 출처를 정확히 밝히고, 인용하도록 하는 것이 위키백과 글쓰기 교육의 핵심이다.

베드르지흐 스메타나

문서 토론

위키백과, 우리 모두의 백과사전.

베드르지흐 스메타나(체코어: Bedrich Smetana [bedrix smetana][*], 1824년 3월 2일 ~ 1884년 5월 12일)는 보헤미아 왕국의 가장 유명한 체코인 작곡가 중 한명이다.

대표작으로 교향시인 《나의 조국》과 오페라인 《리부셰》, 《팔려간 신부》가 있다.

생애 [편집]

스메타나는 보헤미아 왕국 북부 리토미슐에서 1남 17년 중 외동아들로 태어났다.[1] 아마추어 음악가였던 맥주 양조 기사 아버지의 반대를 무릅쓰고 일찍이 프라하에 나가 프록시에게 피아노와 음악 이론을 배웠다. 4세 때 바이올린을, 5세 때 4중주곡 연주 가담을 하였고, 또한 6세 때 피아노를 연주하여 신동이란 말을 들었다.

19세 때 프라하로 가서 부잣집의 음악 선생을 하며 음악 공부를 하였으며, 프라하를 방문한 리스트의 피아노 연주를 듣고 감동하여 그와 친분을 맺기도 했다.[2] 스메타나는 당초 피아노 연주자가 될 것을 꿈꾸었으나, 당시 오스트리아 제국의 지배하에 있었던 보헤미아에서는 민중 사이에 저항운동이 확산

각주 [편집]

1. ↑ 박종호, 《내가 사랑하는 클래식》, 시공사, p.43, 2004
2. ↑ 가 나 다 라 마 박준용, 《세상의 모든 클래식》 마고북스, 2004, p.172, ISBN 89-90496-15-2

위키백과 글쓰기의 핵심 '인용'

둘째, 편집에 진지한 태도로 참여하도록 안내한다. 간혹 위키백과 항목의 내용을 모두 삭제하거나 이해할 수 없는 외계어를 써 놓는 경우가 있다. 소수의 학생이 장난스럽게 작성하여 위키백과 클래식 덕후들의 원성을 사는 일이 발생했지만, 다수의 학생들은 위키백과를 망쳐 놓지는 않을지 고심하며 정보 편집에 참여한다. 학생들에게는 띄어쓰기 하나라도 직접 수정해 보는 경험이 중요하다.

위키백과를 망칠까 봐 편집을 주저하는 완벽주의자 학생들에게

단 1바이트의 편집도 의미 있다고 말하며 격려한다. 편집하는 정보의 분량과 업데이트하는 정보의 질을 높이는 것보다 작은 참여라도 하도록 자극하는 것이 중요하다.

'내가 무엇을 얼마나 많이 알고 있는지' 자랑하고 싶은 연령인 중·고등학생에게 특히 위키백과 글쓰기를 추천한다. 위키백과는 초등학생부터 노인까지 모든 사람이 원하는 만큼 편집자로 참여할 수 있다. 사회에서 발언 기회를 갖기 쉽지 않은 어린이와 청소년이 발언의 기회를 얻으며 생생하게 배우는 현장이 될 수 있다. 다양한 문서를 직접 고쳐 보며 많은 사람들이 알았으면 하는 자신의 지식을 '자랑'하는 정보의 편집자, 생산자$_{maker}$로서 참여하되 상황에 맞게 이용하는 똑똑한 정보의 사용자$_{user}$로 거듭날 수 있다.

위키백과 글쓰기는 윤리과의 철학사상가 사전 만들기 후 위키백과로 편집하기, 과학사 – 과학자 업적을 조사한 후 위키백과 글쓰기, 서양미술사 화가 아코디언북 제작 후 편집하기 등 여러 교과의 특성에 맞춰 적용할 수 있다.

위키백과 글쓰기를 지도할 때 참고하면 좋은 자료

『사전 보는 법』 정철 지음 | 유유

위키백과 글쓰기 계획서

키워드	
선정 이유	

구분		정보원별 조사 내용	출처
자료 조사	책		저자명. 출판연도. 서명. 출판사
	웹사전		사이트명. 사전이름. URL
	유튜브	감상평	영상제목. 검색일자
위키백과에 쓸 내용을 정리하기(정보 해석+아이디어)			

※ 편집 분량은 중요하지 않으며, 자신의 개성 및 주관적 견해, 위키백과에 없는 내용, 위키백과에 실려 있는 내용 중 편집이 필요한 내용에 집중한다.

독후감이 지겹다면 책으로 자신을 비춰요: 독서 리플렉션 페이퍼

학생들이 제출한 보고서, 서평과 같은 글쓰기 결과물을 읽다 보면 글 속에 '나'가 없는 경우가 많다. 학생들은 단순히 조사한 내용을 옮겨 쓰거나 책의 내용을 요약하는 데서 그치곤 한다. 나의 해석, 생각, 경험, 책을 읽으며 바뀌게 된 인식과 관점이 보이지 않는다. 어떻게 하면 학생들에게 책을 거울 삼아 책에 비친 자신의 모습을 성찰하여 글을 쓰게 할 수 있을까 고민하다가 리플렉션 페이퍼Reflection paper[22])에서 힌트를 얻었다.

독서 리플렉션 페이퍼는 자기 성찰적 페이퍼로 일반적인 독후감과는 다르다. 자료 속 이론이나 사실을 그대로 옮겨 적는 것이 아니라 책으로 자신의 생각과 가치관을 비춰 보고, 점검한 후 평가하여 글을 쓰는 것이다. 학생들에게 책을 읽고 나서 그 내용을 바탕으로 자신의 생각을 적으라고 하면 힘들어하고, 한 줄로 성의 없게 써 놓는 경우가 많다. 이런 학생들에게 과제에 활용할 수 있는 가이드라인을 제공하면 책을 통한 자기성찰 및 생각하기를 도울 수 있다. 책을 읽으며 자신을 비춰 보고, 학습한 내용을 연결하는 글쓰기 질문은 다음과 같다. 자기 성찰 글쓰기를 위한 질문들은 책을 읽고 단순하게 요약만 하는 수동 모드에서 능동적으로 사고하는 모드로 바꿔 준다.

- 저자가 지닌 가치관은 무엇인가?
- 책에서 가장 흥미로웠던 점과 그 이유는?
- 책이 나의 지식을 어떻게 넓혀 주었는가?
- 책을 읽고 깨달은 나의 편견은 무엇인가?
- 책을 읽고 새롭게 배우게 된 점은 무엇인가?
- 책에서 읽은 내용을 어떻게 활용할 수 있을까 ?
- 독서 전후를 비교할 때 나의 생각은 어떻게 달라졌는가?

경제 시간에 소셜벤처 제안서 작성을 위해 리플렉션 페이퍼를 활용했다. 소셜벤처의 개념과 특징을 교사가 설명하는 것보다 책에서 다양한 소셜벤처 경영 사례를 읽고 소셜벤처의 특징과 가치를 이해하는 것이 제안서 작성에 효과적이기 때문이다. 인터뷰 형식으로 쓰인 『젊은 소셜벤처에게 묻다』를 학생 수만큼 준비했다. 책 소개를 하고, 리플렉션 페이퍼 작성법에 대해 설명했다. 학생들은 2차시에 걸쳐 관심 있는 스토리를 골라 읽고 흥미로운 내용과 그 이유, 활용 가능한 아이디어를 책에서 찾아 쓰며 공부했다.

책의 내용 이해 및 파악하기

책의 내용에 대한 이해가 바탕이 되어야 자신의 경험과 생각을 연결 짓고, 독자적 해석이 가능하다. 따라서 학생들에게 책을 읽고 소셜벤처의 정의와 특징(학습 주제 내용)을 찾아 쓰도록 한다. 학생들이 책을 읽는 동안 교사는 잠을 자는 학생, 멍하니 아무것도 안 하고 있는 학생, 정확히 읽어야 할 페이지를 알려 주었는데도 못 알아듣는 학생을 찾아 책을 읽도록 격려하며, 순회지도를 한다.

"옆 친구가 쓴 내용을 베끼면 안 돼요? 찾아서 읽기 귀찮아요."

"그렇게 하면 배움이 없어. 네 자신을 위해 읽는 거야. 책 17쪽을 펴볼까? 여기 2단락 보이지? 책 읽기가 힘들면 2단락만 읽어 보고 소셜벤처의 개념을 정리해 보는 건 어때?"

책을 펼쳐 문장을 따라 읽는 것을 힘들어하는 학생이 있을 경우, 그 학생 옆에 서서 단계별로 짚어 주면 학생이 쓸 것이다.

- 소셜벤처의 정의
  - 사회적 가치를 창출하면서도 기업의 목표인 이윤을 놓치지 않는다.
  - 의도와 목적을 가지고 사회문제 해결을 통해 사회적 가치를 창출한다.
- 소셜벤처의 특징
  - 정부와 기업의 다양한 지원을 받을 수 있다.
  - 자립, 행복, 이윤 등 전체적으로 지속가능성이 있어야 한다.
  - 비영리 단체처럼 단순 사회문제 해결이 아닌 비즈니스로 해결한다.

책에서 가장 흥미로운 내용과 그 이유 쓰기

자신의 경험과 생각을 연결 짓는 질문이다. 직접 경험이 없는 경우 영화, 드라마, 뉴스 등 미디어에서 보고 들은 간접 경험을 떠올려 보게 한다.

- 1학기 윤리와 사상 시간에 사회적 기업에 대해 발표를 할 때 '왜 이렇게 자료가 없을까, 기준이 너무 높은 것은 아닐까' 의문을 가졌다. 알고 보니 사회적 기업 인증이 기업이 추구하는 이미지와 매치가 되지 않는다고 느껴지면 일부러 인증을 받지 않아 그런 것이었다. 소셜벤처와 사회적 기업의 차이가 능력 부족의 이유인 줄 알았는데, 일부러 신청하지 않는다는 사실이 신기했다.
- 히즈빈스의 대표가 홍콩 아시아 대학생 창업대회에 나가 사회문제를 고민하는 친구를 만나 충격을 받는 내용이 흥미로웠다. 왜냐하면 사회 시간에 배운 아마르티아센이 떠올랐기 때문이다. 아마르티아센과 히즈빈스 대표가 일찍이 경제복지와 불평등을 고민하고 연구했다는 것에 큰 충격을 받았다. 책을 읽다 보니 평소에 놓치고 있던 사회적 문제들이 눈에 들어왔다.

소셜벤처 제안서 작성에 활용할 수 있는 저자의 의견과 지식 쓰기

책과 저자가 자신의 지식을 어떻게 넓혀 주었는지, 책에서 읽은 내용을 과제에 어떻게 적용할 수 있을지 고민하며 작성한다.

- 어떤 방식으로 소셜벤처 대표들이 회사를 키워 왔는지, 그들은 어쩌다 소셜벤처를 꿈꾸게 된 것인지 알게 되어 소셜벤처의 방향성을 잡을 수 있다.
- 국내 소셜벤처의 개선점과 장점을 알고 이를 개선하고 살려서 더 나은 소셜벤처를 계획할 수 있다. 한국의 소셜벤처 역사를 통해 주의할 점, 소셜벤처에 대한 인식을 알 수 있다.

독서 리플렉션 페이퍼 예시

리플렉션 페이퍼를 작성할 때 학생들이 제대로 읽고 있는지 점검하도록 루브릭을 배부한다. 리플렉션 페이퍼 작성을 마치면, 과정을 돌아보며 해당하는 부분에 색칠하여 표시하도록 한다.

리플렉션 페이퍼 루브릭

	A 매우 뛰어남	B 달성함	C 힘내
(경험) 책의 내용을 자신의 경험과 지식에 반영하여 글을 썼는가?	책의 내용을 자신의 경험이나 지식에 충분히 반영하여 글을 썼다.	책의 내용을 자신의 경험이나 지식에 약간 반영하여 글을 썼다.	책의 내용을 자신의 경험이나 지식에 거의 반영하지 않았다.
(생각) 책에 대한 자신의 생각이나 느낌을 논리적으로 잘 설명, 표현했는가?	책에 대한 자신의 생각이나 느낌을 논리적으로 잘 설명, 표현했다.	책에 대한 자신의 생각이나 느낌을 논리적으로 어느 정도 설명, 표현했다.	책에 대한 자신의 생각이나 느낌을 논리적으로 거의 설명, 표현하지 못했다.

리플렉션 페이퍼 쓰기 활동을 할 때 유의할 점이 있다. 책이 재미없다며 읽기의 어려움을 호소하는 학생이 있는 경우다. 자료에 흥미가 없다면 제대로 읽지 않을 것이고, 리플렉션 페이퍼 쓰기도 할 수 없다. 한 권의 책이 모든 학생에게 흥미로울 수는 없으므로 이를 대비하여 비슷한 주제의 다른 책을 2~3종 정도 여유 있게 준비하여 제공한다.

"『젊은 소셜벤처에게 묻다』 읽기가 힘들구나. 책바구니에서 다른 소셜벤처 책을 찾아 읽는 것은 어때? 『탐스 스토리』, 『60세 이상만 고용합니다』를 읽어도 좋아."

"이 책이 좀 더 나아 보여요. 그럼 『60세 이상만 고용합니다』를 읽고 리플렉션 페이퍼를 써볼게요."

리플렉션 페이퍼는 비문학, 문학 모든 장르에 활용할 수 있다. 수학 시간에 『법정에 선 수학』을 읽고 쓴 리플렉션 페이퍼를 발표하기, 국어 시간에 「비 오는 날이면 가리봉동에 가야한다」를 읽고 리플렉션 페이퍼를 작성한 후 비경쟁 토론하기, 인공지능 기초 시간에 인공지능 윤리 및 영향력과 관련된 책을 읽고 리플렉션 페이퍼 쓰기 등 다양한 교과에서 적용할 수 있다.

◆ **독서 리플렉션 페이퍼 작성을 지도할 때 참고하기 좋은 자료**
『**최고의 블렌디드 러닝**』 권정민 지음 | 사회평론아카데미

독서 리플렉션 페이퍼

**리플렉션 페이퍼란 책을 읽고 나서 책의 내용을 바탕으로 자신의 경험과 생각, 가치관의 변화, 독자적 해석을 글로 써보는 활동입니다.

- 읽은 책

도서명		저자 이름		
출판사		읽은 쪽수	쪽 ~	쪽

- 책을 읽고 다음 내용에 대한 설명을 찾아 작성하세요.

가. 책을 읽고 다음 내용에 대한 설명을 찾아서 작성하세요.	나. 책에서 가장 흥미로운 내용과 그 이유는 무엇인가요? (자신의 경험이 연결되면 좋음)	다. 활용할 수 있는 저자의 의견, 지식은 무엇인가요?
1. 2. 3.		

학습을 마치며 배움의 과정을 돌아봐요: 자기 성찰 평가서 쓰기

교과 시간에 학습한 내용을 새로운 산출물로 만드는 것까지 나아갈 때, 마무리 활동으로 자신을 성찰하는 평가 과정을 꼭 포함시킨다. 결과물을 생산한 다음에 학생들이 지속적으로 발전하려면 학습 전·후의 변화를 스스로 발견하는 자기성찰이 있어야 하기 때문이다.

자기 성찰 평가서를 알아서 쓰도록 하면 '~에 대해 알 수 있어 좋았다'와 같은 자기 감상 위주의 글이 나온다. 수행과정에서 무엇을 알고(인지적), 어떻게 느끼며(정서적), 무엇을 할 수 있는지(행동적)에 대해 발견한 것을 설명하도록 질문[23]을 제시하면 성찰이 담긴 소감문이 나온다. 학생들은 질문을 토대로 과정을 돌아보며 배움을 심화시켜 나갈 수 있다.

- 무엇을 배웠나요?
- 어떻게 그것을 배웠나요? (또는) 궁금증을 어떻게 해결했나요?
- 어떻게 느끼나요? (또는) 수행한 활동의 어떤 점이 좋았나요?
- 배운 것을 어떻게 실천할 것인가요?

무엇을 어떻게 배웠는지 인지적 변화에 대해 성찰할 수 있는 질문, 학생의 개인적 반응을 끌어내는 정서적 영향에 대한 질문, 어떻게 배운 것을 사용할지 묻는 행동적 변화에 대한 질문을 통해 수월하게 자기 성찰을 할 수 있게 된다.

영어 시간에 '영어권문화 가이드 잡지 만들기' 수행평가로 자기 성찰 평가서를 활용했다. 총 6차시로 진행한 프로젝트의 마지막 시간 종료 10분 전, 자기 성찰 평가서를 배부하여 과정을 되돌아보는 활동을 했다. 모둠학습을 통해 문제를 해결했기 때문에 모둠활동에 대한 질문도 함께 제시했다.

완성한 결과물에 대한 간단한 설명

모둠에서 작성한 여행 가이드 잡지에 관한 간단한 설명을 쓴다.

캐나다 여행을 동행자별(가족, 연인, 친구)로 나눠 그 도시의 특징을 소개하는 방식의 가이드 잡지이다. 캐나다의 수도, 인구, 면적, 캐나다를 여행할 때 유의할 점과 같은 정보를 담았다.

자신과 모둠원이 진행 과정에서 어떤 일을 했는지 돌아보며 쓰기

각자 맡은 역할을 제대로 수행했는지, 모둠 내에서 의사소통과 협업은 어땠는지 돌아보며 자기가 맡아서 한 일, 다른 모둠원이 한 일을 구체적으로 쓴다.

이름	한 일
A(나)	모둠원들의 자료조사를 모아 가이드 잡지를 편집했다.
B	가이드 북의 주제를 같이 정했다. 자료조사를 담당했다.
C	가이드 잡지 편집을 도와줬고, 발표 대본을 작성하여 발표를 했다.

수업에 대한 총평 기술하기

교사가 제시한 질문을 참고하여 '영어 가이드 잡지 만들기'에 대한 총평을 기술한다.

무엇을 배웠나요? → 어떻게 그것을 배웠나요? → 어떻게 느끼나요? → 배운 것을 어떻게 실천할 것인가요?

이번 프로젝트를 통해 캐나다의 다양한 명소와 자연의 아름다움에 대해 알 수 있었고 우리가 경험하지 못한 곳 외에도 멋진 경치를 가진 장소가 여러 곳에 있다는 점을 깨달았다.

캐나다 가이드 잡지를 만들기 위해 가이드북을 참고하면서 주요 타깃을 정하고 장소를 찾아보는 것이 재미있기는 했지만, 생각보다 꽤 많은 시간이 걸렸다. 전에 구상했던 마인드맵이 없었다면 자료조사를 하느라 시간이 훨씬 오래 걸렸을 것이다.

잡지 편집은 캔바(canva)를 활용했는데 그 사이트를 처음 사용해 봐서 신기했다. 가이드 잡지를 편집하며 끊임없이 어떤 정보를 넣어야 도움이 되는지 생각하는 것은 어려웠지만, 우리만의 가이드 잡지를 만들고, 잡지의 구성과 내용에 대해 알고 제작의 경험을 갖는다는 것이 의미 있었다.

또 모둠활동을 할 때 팀원 간의 협동과 역할 분배가 중요하다는 점을 깨달았다. 협동과 팀워크도 중요하지만 과정 중에 자신의 의견을 말하는 것도 중요하다는 것을 느꼈다. 캔바 편집을 맡을 때 모둠원들의 자료조사가 미흡하여 어려움이 있었는데 조사 과정 중에 좀 더 자료를 찾도록 내 의견을 말했다면 더 나은 결과물이 나왔을 것이다.

자기 성찰 활동을 하다 보면 여러 가지 어려움을 겪게 된다. 첫째, 성찰할 시간이 없는 경우다. 성찰을 위해서는 최소 5~8분 정도의 시간이 필요한데, 5분이 주어지지 않는 상황이 생긴다. 시간이 없다면 숙제로 내주거나 다른 날에 작성하게 한다. 중요한 점은 이 과정을 생략하지 않는 것이다. 둘째, 배운 것이 아무 것도 없다고 말하거나 한 줄로 성의 없이 쓰는 경우다. "저는 이번 프로젝트에서 배운 것이 없어서 쓸 게 없어요."라고 말하는 학생이 있다면 프로젝트에서 경험한 단계를 기억하도록 도움 질문을 제시하며 격려한다. "자료 조사를 하면서 어떤 정보원을 활용했니?" "찾은 정보를 어떤 플랫폼을 활용하여 표현했지?" "모둠활동을 할 때 생겼던 불협화음은 어떻게 해결했니?" 이러한 질문을 통해 학생은 자신의 참여를 인정하고 경험의 과정을 기억하게 된다.

🍃 자기 성찰 평가서 쓰기를 지도할 때 참고하기 좋은 자료

『보니샘과 함께하는 블렌디드 수업과 평가』 구본희 지음 | 우리학교

『한 가지만 바꾸기』 댄 로스스타인, 루스 산타나 지음 | 정혜승, 정신영 옮김 | 사회평론아카데미

영어과 자기 성찰 평가서

'여행 가이드 잡지 제작'을 마치고 회고록 쓰기

1. 우리는 (   )(으)로 여행 가이드 잡지를 제작하였습니다.

2. 우리 여행 가이드 잡지에 관한 간단한 설명을 쓰세요.

   _____
   _____
   _____
   _____

3. 내가 한 일, 조원들이 한 일(2줄 이상 자세히 구체적으로 진행 과정에서 무엇을 얼마나 열심히 했는지)을 쓰세요.

이름	별점	이유
	☆ ☆ ☆ ☆ ☆	
	☆ ☆ ☆ ☆ ☆	
	☆ ☆ ☆ ☆ ☆	
	☆ ☆ ☆ ☆ ☆	

3. 질문을 참고하여 수업에 대한 소감을 쓰세요.
   (무엇을 배웠나요? → 어떻게 그것을 배웠나요? → 어떻게 느끼나요? → 배운 것을 어떻게 실천할 것인가요?)

   _____
   _____
   _____
   _____
   _____
   _____

*빈 줄 없이 성의껏 작성하세요.

음악과 자기 성찰 평가서[24]

- '서양음악사 사전 편찬하기' 프로젝트를 계획할 때 예상한 것과 달라진 점은 무엇인가요?

평가요소	이유
감상	지루할 줄 알았는데 포근한 느낌의 곡이라 힐링하는 기분이었다. 음악 사조의 역사적 배경, 문화적 배경을 알고 들으니 음악이 다르게 느껴졌고 감상평을 보다 풍성하게 쓸 수 있었다.

- 자기 평가하기

자신의 '서양음악사 사전 편찬하기'를 되돌아보며, 다음 채점 기준표에 자신이 어디에 해당하는지 표시해 보세요.

평가요소	성취수준		
	A 매우 뛰어남	B 달성함	C 힘을 내
배경과 관련 짓기	선정한 음악 사조를 중심으로 역사, 문화적 배경을 이해하여 맥락에 맞게, 구체적으로 음악의 특징을 설명 및 소개했다.	선정한 음악 사조를 중심으로 역사, 문화적 배경과 관련지어 음악의 특징을 설명 및 소개했다.	선정한 음악 사조를 중심으로 역사, 문화적 배경과 관련 짓지 못했으며, 음악의 특징 설명 및 소개가 제한적이었다.
감상	조사한 내용을 토대로 선정한 음악 사조의 음악을 감상 후 자신의 느낌을 독창적인 해석, 의견을 담아 사전에 기록했다.	조사한 내용을 토대로 선정한 음악 사조의 음악을 감상한 후 자신의 느낌과 해석을 사전에 기록했다.	조사한 내용을 토대로 관련 음악을 선정하지 못하였으며, 자신의 느낌과 해석에 대한 설명이 미흡했다.
사전 활용	참여형 백과사전에 다양한 종류의 권위 있고, 신뢰할 수 있는 정보원의 출처를 밝히며, 내용 추가 또는 편집에 참가했다.	참여형 백과사전에 다양한 종류의 정보를 활용하여 내용을 추가 또는 오류를 삭제하는 등 편집에 참가했다.	참여형 백과사전의 편집 분량이 너무 적어서 전달하려는 의미를 충분하게 전달하지 못했다.

- B(달성함), C(힘을 내)를 받은 평가요소는 무엇인가요? 그 이유를 써 보세요.

평가요소	이유
사전 활용	다양한 정보원을 활용해 조사하지 못했고, 내용의 텍스트를 검증하지 않았다.

- 위의 요소에 관해, 어떻게 하면 A로 갈 수 있을지 생각해 보고, A로 가기 위한 구체적인 방법을 50자 이상 적어 보세요.(모두 A인 경우 그렇게 생각한 이유를 써요.)

평가요소	이유
사전 활용	'네이버 지식 백과사전' 및 '다음 백과' 2개의 사전을 모두 활용하여 바흐에 대한 정보와 시대적 배경을 조사한다면 A로 갈 수 있을 것이다.

- '서양음악사 사전 편찬하기'에 관한 총평을 다음 질문의 대답을 중심으로 3줄 정도로 정리해 보세요.(쓸 만한 이야기가 있는 질문을 중심으로 답을 하면 돼요.)

수업을 통해 무엇을 알게 되었는가? → 궁금증을 어떻게 해결하였는가? → 어떻게 삶 속에서 배운 것을 실천할 것인가?

수업을 통해 바로크 시대의 음악가에 대해 알게 됐으며, 그중 바흐에 대해 더 자세히 조사하며 내가 모르는 것들에 대해 알게 되어 흥미로웠다. 나중에 시간이 된다면 다른 시대의 음악가에 대해서도 찾아보고 싶다.

읽은 것을 나의 지식으로 만드는 만들기 표현력

전통적인 교과 독서 수업이 교과 주제와 연결하여 책을 찾아 읽는 수업이라면, 요즘의 교과 독서 수업은 창의력의 최대치를 발휘할 수 있는 더 많은 도구와 기회를 제공한다. '무엇을 알 수 있는가', '무엇을 찾아 낼 수 있는가'에서 한 걸음 더 나아가 기존의 지식을 엮어 '무엇을 새롭게 만들어 내는가'를 강조한다. 그 이유는 세상의 일이 텍스트를 읽는 것에서 끝날 정도로 간단하지 않기 때문이다. 우리는 읽은 것으로 공부도 하고, 일도 하고, 소통도 하고, 논쟁을 하기도 한다. 그래서 어떤 것을 읽었는지에 상관없이 '이 텍스트로 무엇을 할 수 있는가'라는 질문을 품으면 글을 능동적으로 읽을 수 있게 된다. 줄을 긋고, 쓰고, 적고, 만들며 텍스트의 쓸모를 궁리하는 표현력 활동을 학생들에게 장려하고 경험하게 할수록 학생들은 미래를 더 잘 준비할 수 있을 것이다.

나만의 뜻풀이로 덕질의 끝을 경험해요: 사전 만들기

사전은 인간이 정보를 압축하는 방식 중 가장 오래된 것이며, 긴 시간 동안 유효했던 방식이다. 그렇기 때문에 학문의 기초 도구가 될 수 있었다.[25] 인공지능이 발달한 빅 데이터 시대에 사전을 만드는 활동이 학생들에게 의미 있는 학습이 되려면 어떻게 해야 할까? 'ChatGPT'를 생산성 도구로 활용할 수 있는 이 시대에 가치 있는 사전이란 무엇일까?

AI를 넘어서려면 컴퓨터가 따라갈 수 없는 영역의 뜻풀이를 써야 한다. 컴퓨터는 반복 작업을 잘하는 기계이므로 단순한 단어의 뜻풀이는 인간이 따라갈 수 없다. 컴퓨터 작업을 넘어서려면, 건조하고 메마른 단어에 관점을 부여해야 한다. 객관적인 뜻풀이가 아닌 지극히 주관적이며 개성과 인격을 부여하는 뜻풀이를 하면 된다. 그러려면 급식체 사전[26], 신메이카이 사전[27]처럼 개성과 인격을 담아 사전을 만드는 경험이 필요하다. 왜냐하면 공부와 덕질의 끝에는 사전 만들기가 있고, 훗날 자기 영역의 전문가가 되었을 때 나만의 사전 만들기는 의미 있는 작업이 될 것이기 때문이다. 사전 만들기 활동의 지도 절차는 다음과 같다.

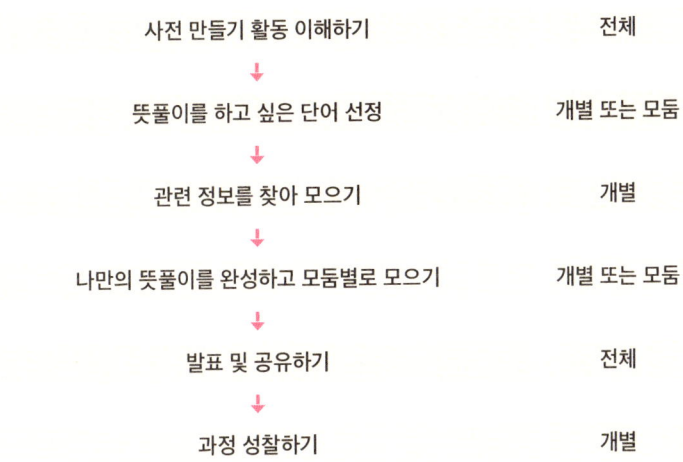

음악 시간에 서양음악사 학습을 위해 '음악이 흐르는 사전 만들기' 활동을 했다. 곡이 만들어진 시대적 배경과 특징, 작곡가의 삶을 이해하면 감상을 더 잘할 수 있기 때문에 자료를 조사한 후 곡을 감상하도록 했다. 감상한 곡은 QR코드로 만들어 사전에 부착하여 음악 감상이 가능한 사전으로 만들었다. 감상평이 들어간 음악사전은 인공지능이 만들어 낸 뜻풀이와 달리 주관적 해석과 인격이 부여되기 때문에 살아 있는 사전이 된다.

사전 만들기 활동 이해하기(전체)

서양음악사 사전 만들기 활동의 의미와 좋은 점, 가장 많이 활용하는 'Daum 백과(100.daum.net)'와 '네이버 지식백과(terms.naver.

com)'를 비판적으로 읽는 방법을 설명하고, 사전 만들기 가이드라인을 배부한다.

- **의미** : 공부의 끝에는 사전 만들기가 있다. 전문가라면 자기 분야의 사전을 만들 수 있어야 한다. 뜻풀이는 인공지능처럼 건조하게 쓰지 않고, 자신의 해석과 감상을 담아 최대한 주관적으로 작성한다.
- **흐름** : 각자 1개의 단어 뜻풀이를 하고, 모둠별로 단어를 모아 주제별 사전을 완성한다.
- **비판적으로 사전 읽는 방법**

  초등학생의 경우 종이사전을 가지고 그 활용법에 대해 알려 준다. 중·고등학생은 가장 많이 활용하는 웹사전인 다음 백과, 네이버 지식백과를 비판적으로 읽는 방법을 다룬다. 비판적으로 읽기 위해서는 스스로 정보의 신뢰성을 높여야 한다. 같은 주제를 다루고 있는 책을 찾아보며 웹사전에서 찾은 정보가 정확한지 확인한다. 다음 백과와 네이버 지식백과를 모두 활용하는 것도 각 사전의 단점을 보완하는 방법이다. 한쪽을 보다가 뭔가 부족한가 싶으면 다른 쪽에서 힌트를 얻을 수 있다.[28]

뜻풀이를 하고 싶은 단어 선정(개별 또는 모둠)

주제는 교사가 지정하거나 학생이 스스로 고를 수 있다. 주제와 연관지어 뜻풀이하고 싶은 단어를 선정하도록 한다. 음악 사조, 악기, 작곡가 등 탐구하고 싶은 키워드를 자유롭게 뽑는다.

- **주제**: 우연성 음악
  - ☐ 중세·르네상스 음악
  - ☐ 바로크 음악
  - ☐ 고전 음악
  - ☐ 낭만 음악
  - ☐ 민족주의 음악
  - ☑ 인상주의와 20세기 음악
- **단어**: 존 케이지

관련 정보를 찾아 모으기(개별)

책과 인터넷에서 정보를 찾아 모으고, 해당 음악을 감상한다.

- **참고도서**: 페르난도 아르헨타. 2014. 음악 선생님과 함께하는 길라잡이 음악사

  20세기 50년대 작곡가들 대부분은 음렬주의를 경험했지만 거기서 멈추지 않고 실험적인 음악을 만들어냈다. 음악의 혁신가들과 실험가들은 소음을 내고 야유를 보내고 엉뚱한 방법으로 악기를 연주하는 등 음악의 전통성을 파괴하고자 했다.

- **참고한 웹사전**: Daum 백과. 음악사를 움직인 100인

  우연성 음악이란 인위적 구성을 배제하고 여러 가지 방법으로 우연의

효과를 만들어 낸 음악이다. 우연성 음악의 종류에는 주역음악, 불확정성 음악, 주사위 음악, 우연 작동법 등이 있다.

- **감상한 음악 및 감상평**: 주역음악

어린아이가 피아노 치는 것처럼 불규칙적이고 예상할 수 없었다. 우연성 음악의 특징이 음악의 전통성을 파괴했다는 것인데, 이 곡을 들으니 음악의 전통성을 파괴했다는 것이 어떤 것인지 정확히 알 수 있었다.

나만의 뜻풀이를 완성하고 모둠별로 모으기(개별 또는 모둠)

뜻풀이를 할 때는 책과 인터넷에서 찾은 정보를 요약 및 정리한다. 분량이 많지 않아도 좋으니 자신의 언어로 쓰도록 한다. 그대로 옮겨 적지 말고 대표곡을 찾아 감상한 후 감상평을 담아 주관적으로 자신의 해석과 관점을 쓰는 것을 강조한다.

- **개요**

우연성 음악이란 미국의 작곡가 존 케이지와 그의 동조자들이 창안한 것으로 전위음악의 일종이다. 1960년대부터 우연성의 사상은 연주행위를 회복하는 원동력이 되었고 서양음악사 자체의 반성을 불러일으켰다.

- **나만의 해석**(정의)

작곡가 존 케이지의 문제작이자 대표작인 <4분 33초>는 음악에 대한 기존의 통념을 깨부순 작품으로 20세기 음악계는 물론 문화 예술계 전반에 큰 파장을 불러일으켰다. <4분 33초>의 악보는 3악장으로 구성되었지만 음표가 단 1도 없다. 하지만, 존 케이지가 4분 33초 동안 여러 행동을 하며 내는 소리를 모두 음악이라고 생각한다. 냉난방기 소리, 관객들의 소리, 바람 소리 등 모든 것이 즉흥적 연주라 생각한다. 겉으로 보기엔 몰라도 존 케이지 자신은 3악장 악보를 연주하는 것이라고 생각할 것이다.

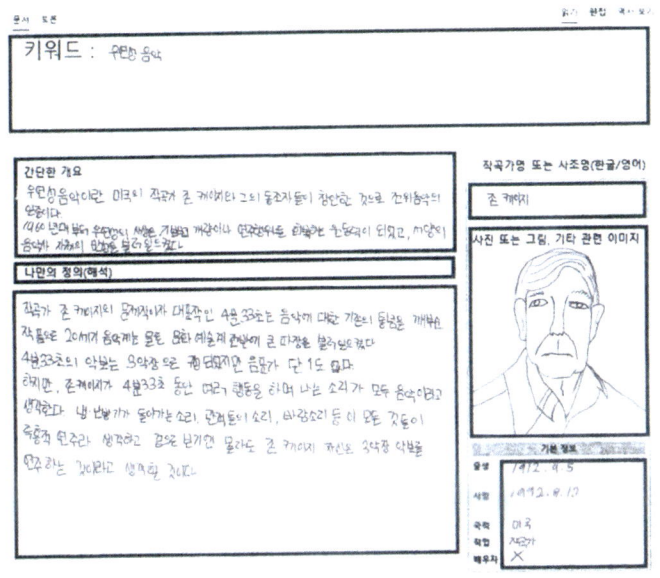

발표 및 공유하기(전체)

모둠별로 대표 학생이 서양음악사 사전을 발표한다. 만약, 발표

시간을 확보할 수 없다면 음악실에 서양음악사 사전을 전시하고, 'BEST 서양음악사 사전' 콘테스트를 실시하여 공유한다.

과정 성찰하기(개별)

과정을 성찰할 수 있도록 참고 질문을 제시하고, 질문을 중심으로 답을 하는 방식으로 총평을 써 보게 한다. 모든 질문에 답을 달아야 하는 것은 아니며, 쓸 만한 이야기가 있는 질문을 중심으로 답하도록 한다.

- **자기 성찰을 위한 질문 목록**
  - 무엇을 배웠나요?
  - 어떻게 그것을 배웠나요? (또는) 궁금증을 어떻게 해결했나요?
  - 어떻게 느끼나요? (또는) 수행한 활동의 어떤 점이 좋았나요?
  - 배운 것을 어떻게 실천할 것인가요?
- **학생이 작성한 총평**

수업을 통해 우연성 음악의 개념과 대표곡을 알게 되었다. 우연성 음악의 예시를 찾기 위해 관련 책을 읽고 우연성 음악에 관련된 부분만 발췌해서 정보를 찾았다. 이번 프로젝트에서 찾아본 정보를 한 장에 정리하고 내가 생각하는 우연성 음악의 특징까지 덧붙인 것이 잘한 점이다.

사전 만들기를 할 때 미술 시간이 아니므로 디자인에 너무 많은 신경과 시간을 쓰지 않도록 한다. 자신의 개성과 관점을 담은 뜻풀이에 집중하는 것이 핵심이다. 음악가와 곡의 시대적 배경, 음악 사조의 특징, 작곡가의 삶을 알고 곡을 감상하면 곡 해석을 더 잘 할 수 있고 나만의 단어 뜻풀이도 가능하다. 책, 인터넷, 유튜브 등 다양한 매체를 활용하여 텍스트를 읽고, 귀로 음악을 감상하는 활동이 종합되어 음악이 흐르는 사전이 완성된다.

사전 만들기 활동은 여러 교과에서 적용 가능하다. 가정 시간에 '청소년의 인지적 발달' 단원에서 추상적 사고에 대해 학습할 때 '어린이를 위한 추상적 단어 사전 만들기'를 해볼 수 있다. 이 활동은 자신이 경험한 구체적 사실을 육하원칙 중 세 가지 이상이 들어가도록 예를 들어 쓰는 것이다. 도덕 시간에 건전한 사이버 공간을 만들기 위한 가치사전을 만들 수 있다. 자신이 생각한 사이버 공간에서 필요한 가치를 떠올리고, 가치가 필요한 상황이 언제인지 써서 생각을 나눌 수 있다.

음악사전 만들기 활동지

계획하기

탐구 주제			
역할 나눔	역할	내용	학번/이름
	모둠장(편집장)		
	표지 담당		
	후기 담당		
	출처 담당		
	본문	모둠원 전체가 담당, 1인당 1개의 키워드로 1쪽씩 작성	
사전 제목			
단어(키워드) 순서			
콘셉트(특징)			

사전 기재 양식에 맞춰 사전의 내용을 써 봅시다.

키워드	
간단한 개요	
나의 뜻풀이 (해석)	
가수명 또는 음악 사조	
기본 정보	
관련 이미지	

사전 기재 양식에 맞춰 사전의 내용을 써 봅시다.

감상한 곡명		QR코드	이곳에 붙이세요.

사전 편찬하기에 관한 총평을 다음 질문에 관한 대답을 중심으로 3줄 정도 정리해 봅시다.

수업을 통해 무엇을 알게 되었는가? → 궁금한 점은 무엇인가? → 궁금증을 어떻게 해결하였는가? → 배움을 발전시키기 위해 자신이 한 일은 무엇인가? → 이번 프로젝트에서 잘한 점은 무엇인가?

음악사전 만들기 활동지(예시)

계획하기

탐구 주제		Grunge Rock(록)	
역할 나눔	역할	내용	학번/이름
	모둠장(편집장)	계획서에 맞게 진행되는지 총괄	허○○
	표지 담당	삽화를 그리거나 출력하여 표지 제작	전○○
	후기 담당	한 줄 소감을 모아 후기에 기록 또는 출력하여 부착	윤○○
	출처 담당	각 조원이 참고한 출처를 모아 참고문헌 페이지에 기록	김○○
	본문	모둠원 전체가 담당, 1인당 1개의 키워드로 1쪽씩 작성	
사전 제목		헤비메탈을 추억하는 록(rock) 사전	
단어(키워드) 순서		너바나(Nirvana) → 뉴웨이브(New Wave) → 메탈리카(Metallica) → 헤비메탈(Heavy Metal)	
콘셉트(특징)		실제 동영상 또는 음악 URL을 QR코드로 제작하여 독자의 편의를 도모함	

사전 기재 양식에 맞춰 사전의 내용을 써 봅시다.

키워드	헤비메탈
간단한 개요	헤비메탈은 하드록이 강화된 형태이다. 강력한 디스토션과 비트를 특징으로 대개 밴드 포맷으로 연주되는 음악을 말한다. 대부분 기타 솔로가 들어가고 키보드 솔로가 첨가되는 경우가 있다.
나의 뜻풀이 (해석)	1960년대 미국과 영국의 하드록, 블루스록 음악가를 중심으로 발전한 빠른 템포, 강한 비트, 악기 솔로 등이 특징인 록 음악의 장르를 말한다.
가수명 또는 음악 사조	헤비메탈
기본 정보	출생, 사망, 국적, 직업, 배우자 등
관련 이미지	레드 제플린(Led Zeppelin)

사전 기재 양식에 맞춰 사전의 내용을 써 봅시다.

감상한 곡명	Stariway to Heaven	QR코드	

사전 편찬하기에 관한 총평을 다음 질문에 관한 대답을 중심으로 3줄 정도 정리해 봅시다.

수업을 통해 무엇을 알게 되었는가? → 궁금한 점은 무엇인가? → 궁금증을 어떻게 해결하였는가? → 배움을 발전시키기 위해 자신이 한 일은 무엇인가? → 이번 프로젝트에서 잘한 점은 무엇인가?

> 레드 제플린의 대표곡들을 찾아 감상하고 해석하며, 헤비메탈의 시작에 대해 알게 됐다.
> 우리나라 헤비메탈의 시작을 이끈 가수가 누구인지 궁금해졌다.

형식에 얽매이지 않는 자유로운 글을 써요: 잡지 만들기

잡지는 글쓰기 형식이 자유로우며, 시각적인 요소를 학습할 수 있는 표현물이다. 학생들에게 텍스트로만 내용을 채우라고 하면 어려워하는데, 이미지를 그리거나 수집하여 결과물을 완성하도록 하면 부담을 덜 느낀다. 또 발표를 하거나 공유할 때 이미지와 같은 시각자료는 텍스트의 이해를 도와주므로 독자의 입장에서도 읽기에 편하다. 협력적 글쓰기로 진행한다면 개인당 1~2쪽 분량으로 작성한 후 이를 모아 학급별 또는 모둠별로 한 권의 잡지를 제작할 수 있다. 잡지 만들기 지도 절차는 다음과 같다.

단계	대상
잡지 만들기 활동 이해하기	전체
↓	
주제 선정 및 잡지 계획서 작성	모둠
↓	
자료 조사	개별
↓	
가이드 잡지 제작하기	모둠
↓	
발표 및 평가	전체

잡지 만들기 수업을 통해 종이 잡지뿐 아니라 디지털 잡지 제작도 가능하다. 캔바canva 플랫폼에서 잡지를 만들 수 있는 툴tool을 제공하고 있다. 캔바에서 모둠장이 모둠원을 불러와 협력하여 글을

쓰고 잡지를 만들 수 있다. 잡지는 시각적 요소를 포함하는 특성이 있는데, 시각자료도 출처를 밝혀 사용하도록 강조한다. 시각자료를 무료로 사용할 수 있는 사이트를 알려 주는 것도 좋다.

무료 시각자료 사이트

구분	사이트명	사이트 주소
이미지	픽사베이	pixabay.com
	언스플래시	unsplash.com
	펙셀즈	pexels.com
	픽스히어	pxhere.com
일러스트	오픈핍스	www.openpeeps.com
	오픈두들	www.opendoodles.com
	그래티소그라피	gratisography.com
아이콘	SVG레포	www.svgrepo.com
	나은프로젝트	thenounproject.com

영어권 문화 시간에 영어권 국가의 문화를 주제로 가이드 잡지 만들기 활동을 했다. 영어권 6개 국가의 생활방식, 사고방식, 문화에 대해 교사가 설명하는 것보다 학생들이 국가별로 나눠 문화 전반에 대해 스스로 탐색하는 것이 더 공부가 되기 때문이다. '뉴질랜드'와 '아일랜드'를 헷갈려 하는 학생들이 영어권 문화에 대해 읽고 찾으며 우리나라와 비교하는 과정 속에서 각 문화의 고유성을 이해하고 존중하는 태도를 기를 수 있다.

잡지 만들기 활동 이해하기(전체)

가이드 잡지 만들기의 취지와 흐름을 충분히 설명하고, 모둠장을 뽑는다. 프로젝트의 도입 단계에서 잡지 만들기의 흐름을 설명했을지라도 매 차시별로 정확히 그 시간에 해야 할 과제와 목표를 알려 준다.

- 의미: 영어권 가이드 잡지를 만들며 우리나라와의 차이점을 알고, 타문화를 존중하는 태도를 기른다.
- 흐름: 주제 선정 → 계획서 작성 → 자료조사 → 가이드 잡지 제작 → 발표 및 공유

주제 선정 및 잡지 계획서 작성(모둠)

모둠별로 영어권 국가 및 주제를 선정한다. 탐구하고 싶은 국가가 중복되는 경우 교사가 조정한다. 잡지가 텍스트와 이미지로 구성된다는 점을 이해하고, 가이드 잡지 계획서를 작성한다. 잡지 계획서는 잡지의 목차가 되기 때문에 중요하다. 계획서를 쓰지 않은 모둠은 교사가 개입하여 목차를 완성하도록 지도한다. 그래야 그 모둠이 자료 조사 단계로 넘어갈 수 있다.

구성요소	내용
표지 cover	• 제목: 호주 여행 호구 탈출 • 부제: 계절별 취향 여행 • 첫 문장: 봄, 여름, 가을, 겨울 당신의 취향을 저격하는 호주의 행사 • 모둠이름: 2조
서론 intro	• 여행지 이름: 호주 • 여행지 선정 이유 - 많이 들어는 봤지만, 정보가 많지 않아 이 기회를 통해 탐구하고 싶다. • 위치(지도 표기) • 우리나라와의 관계: 국제기구를 통해 협력적 관계 유지

본론
body
	• 여행지의 특징(즐길 거리, 볼거리, 배울 거리)
	  - 봄: 포뮬러 원 그랑프리, 안작데이, 애들레이드 축제
	  - 여름: 여왕탄생일, 멜버른 국제 필름 페스티벌, 로열 퀸즐랜드 쇼
	  - 가을: 플로리에이드, 멜버른 컵, 멜버른 국제 아트 페스티벌
	  - 겨울: 호주의 날, 박싱데이, 화이트 나이트 데이
	• 비교할 만한 한국의 여행지(어떤 점이 비슷하고 다른지)
	  - 원주민 역사와 문화유산에 기반을 둔 호주의 정체성을 추가로 탐구함
	• 여행지에 대한 유용한 정보(교통, 환율, 날씨, 공휴일, 치안)
	  - 오스트레일리아 달러
	• and more(그 외의 정보들)
	  - 인구 세계 55위, 1인당 국내 총생산 세계 11위

결론
conclusion
	• 개별 작성한 '과제 수행과정' 회고 글 수합하여 기재
	  - 호주의 다양한 명소에 대해 알 수 있었고 호주의 로열 퀸즐랜드 쇼에 참여해 보고 싶었다. 흥미롭고 멋진 호주의 여행지 조사도 흥미로웠지만 호주 원주민의 역사와 생활방식을 추가로 조사하여 원주민 영토권 문제와 정체성과 관련해 어떤 방식으로 공존의 해법을 찾을지도 생각해 볼 수 있었다.
	• 참고문헌(사이트, 책, 학술 기사, 신문 등) 수합
	  - 박선영. 김상훈. 2019. 리얼 호주. 한빛라이프. 56쪽
	  - 제이민. 2019. 호주 100배 즐기기. RHK. 29쪽

자료 조사(개별)

협업 과제라도 자료조사는 역할을 나눠서 한다. 구글 문서로 자료조사지를 만들어 모둠원끼리 조사 내용 및 과정을 공유하도록 한다. 자료를 수집할 때는 텍스트뿐만 아니라 내용의 이해를 돕는 사진과 그림을 찾아 자료조사지에 넣도록 한다.

이름	조사 내용, 인용문 및 나의 생각	출처
A	영국 문화권에서는 크리스마스가 가장 중요한 행사이다. 크리스마스 이브에는 도시마다 퍼레이드가 펼쳐지며, 크리스마스 이튿날 선물을 주고받던 전통에서 유래된 박싱데이는 대대적인 세일을 단행하는 쇼핑주간으로 변모했다. 로열 퀸즐랜드 쇼: 퀸즐랜드 최대의 농축산 축제로 (중략) 지정되었을 만큼 중요한 행사이다.	제이민. 호주 100배 즐기기. RHK. 29쪽
B	원주민 역사와 문화유산에 기반을 둔 오늘날의 호주의 정체성은 호주의 대표적 상징물인 원주민 깃발, 원주민 예술, 원주민 언어 등 호주의 정체성에 나타난 원주민의 역사와 문화유산이 충분한 가치가 있다고 판단된다. (중략) 마지막으로, 원주민의 인간 존엄성과 인권이 존중받는 사회적 분위기를 만드는 데 가치를 두고 확장해야 한다.	이전. 2012. 호주 원주민의 기원과 특성, 그리고 호주 정부의 원주민 정책에 관한 일고찰. 경상대학교사회과학연구원. 30집. 5-27.
C	호주의 다양한 명소에 대해 알게 되었고, 호주의 로열 퀸즐랜들 쇼는 박싱데이 시즌에 맞춰 여행을 가서 직접 경험하고 싶다.	

가이드 잡지 제작하기(모둠)

조사한 내용을 바탕으로 정보를 종합하여 가이드 잡지를 쓰는 단계이다. 정보 조직 및 표현을 할 수 있도록 플랫폼 캔바$_{Canva}$에서 잡지 템플릿을 찾는 방법을 알려 준다. 이때 'pro'라고 쓰여 있는 유

<호주 여행 호구 탈출> 완성본 잡지

료 템플릿을 사용하지 않도록 강조한다. 유료 템플릿은 작업은 가능하지만, 다운로드가 되지 않는다. 설명을 반복해도 유료 템플릿을 다운받아 작업을 하고 있는 학생이 있을지 모르니, 교사는 순회하며 유료 템플릿 사용 여부를 확인한다. 확인하지 않으면, 과제 제출일에 다운이 안 된다고 하소연하는 모둠이 나타날 수 있다.

가이드 잡지는 표지$_{cover}$, 목차$_{intro}$, 본문$_{body}$, 결론$_{conclusion}$ 순서로 작성하고, 결론에는 개별 작성한 회고글을 수합하여 기재하고, 조원들이 참고한 자료의 출처를 모아 참고문헌을 작성하도록 한다.

발표 및 평가(전체)

모둠별로 5분간 발표를 하고, 질의응답이 이뤄지도록 한다. 학생들에게 발표 연습을 과제로 주면 하지 않기 때문에 발표 준비 시간을 주는 것이 좋다. 연습 없이 발표를 하게 하면 발표자가 원고 내용을 소화하지 못해 목소리가 작아지고, 내용 전달이 안 될 수 있다. 청중 학생들은 시간 준수, 시선 처리, 내용 소화 여부, 주제에 대한 이해도, 발표자의 정보 수집과 같은 요소를 고려하며 듣는다. 발표를 들으며 상호평가표를 작성한다. 자신이 작성한 상호평가표를 보고 발표자가 발전할 수 있도록 비방하는 내용 없이 긍정적인 용어로 쓰게 한다. 과제를 마치면 모둠별로 상호평가표를 모아 해당 학생이 보면서 참고할 수 있게 한다.

• 상호 동료 평가표

연번	조명	코멘트(좋은 점 or 궁금한 점)
1	뉴질랜드	뉴질랜드의 다양한 즐길 거리를 예약, 가는 법 등 자세하게 소개하고 자연이 멋진 뉴질랜드의 아름다운 자연경관들을 소개해서 좋았다.
2	캐나다	글이 더 크고 발표자의 목소리가 잘 들렸으면 좋겠다. 그러나 Rotal Ontario Museum 같은 멋진 박물관을 소개했듯이 좋아하는 분야 관련 여행지를 소개한 점이 참신했다.
3	미국	PPT를 간단하고 보기 쉽게 만들었다. 구경할 장소가 다양해서 좋았고, 발표자가 없어 다른 모둠원이 대신 발표했는데도 내용이 잘 전달되었다.
4	호주	발표자가 자신감 있게 큰 목소리로 발표를 하여 호주의 역사와 계절별 축제에 대해 알 수 있었다. 주제를 구체화한 후 세세히 조사한 게 보였다. 자료의 글귀가 잘 안 보인 점은 아쉽다.
5	아일랜드	더블린이라는 지역은 처음 들어봐서 새롭게 얻는 정보가 많았다. 아일랜드 전체를 다루지 않고 더블린 한 곳만 다뤄서 더블린의 건축물, 관광, 명소, 펍 등을 자세히 알 수 있었다. 그리고 발표 마무리로 각자 소감을 말하는 부분이 인상 깊었다.
6	영국	영국에서 볼 수 있는 흥미로운 볼거리와 건축물을 깔끔하게 정리하여 잡지를 만들었다. 특히, 해리 포터와 관련된 장소 소개가 흥미로웠다.

잡지 만들기 활동의 주안점은 디지털 플랫폼의 편집 기술을 익히는 것이 아니다. 잡지를 만들기 위해 주제를 정해 자료를 조사하고 자신의 언어로 잡지 기사를 쓰는 문제 해결 과정을 경험하는 것이 핵심이다. 주제를 정해 읽고 쓰고 만드는 과정이 쉽지 않기 때문

에 과정 중 단계별로 도움을 준다면 학생들이 방향을 잃지 않고 과제를 완성할 수 있다. 특히, 모둠별로 1차시에 마인드맵을 그려 주제를 구체화하는 과정, 잡지 계획서의 개요 잡기 과정의 피드백이 중요하다. 틀을 잘 잡아야 이후의 활동이 원활히 진행되기 때문이다.

　잡지 만들기 수업은 가정 시간에 '지속 가능한 소비생활 잡지 만들기', 생명과학 시간에 '세상에 하나뿐인 질병 잡지 만들기', 음악 시간에 '국악의 계승과 발전을 위한 잡지 만들기', 중국어 시간에 '중국의 대표적 특징을 찾아 여행 일정표를 작성하여 나만의 가이드 잡지 만들기' 등으로 다양하게 적용할 수 있다.

🔖 **잡지 만들기를 지도할 때 참고하기 좋은 자료**
『**최고의 블렌디드 러닝**』 권정민 지음 | 사회평론아카데미

영어 가이드 잡지 계획서

202○년 ○월 교과명 (　　　) 잡지 구상 계획서
영어권 문화 가이드북 잡지 만들기

- 잡지를 편집할 때 활용할 잡지 제작 플랫폼에 ○ 표시하기

캔바 (Canva)	망고보드 (Mangoboard)	미리캔버스 (Miricanvas)	기타 _____

- 잡지 구성 요소(텍스트+이미지(그림, 사진))를 고려하여 아래 표를 작성하기

구성 요소	내용
cover	· 제목 · 부제 · 첫 문장 · 모둠 이름
intro	· 여행지 이름 · 여행지 선정 이유 · 위치(지도 표기) · 우리나라와의 관계
body	· 여행지의 특징(즐길거리, 볼거리, 배울거리) · 비교할 만한 한국의 여행지(어떤 점이 비슷하고 다른지) · 여행지에 대한 유용한 정보(교통, 환율, 날씨, 공휴일, 치안) · and more(그 외의 정보들)
conclusion	· 개별 작성한 '과제 수행과정' 회고 글 수합하여 기재 · 참고문헌(사이트, 책, 학술 기사, 신문 등) 수합

생명과학 잡지 구상 계획서

202○년 ○월 교과명 (　　　) 잡지 구상 계획서
세상에 하나뿐인 과학 잡지 만들기

이름	
단원명	

역할분담	모둠별 주제를 정하고, 조사하여 얻은 정보를 어떤 형식으로 표현할지 의논한다.		
	조원 이름	어떻게 표현할 것인가? (광고 / 퍼즐 / 기사 / 기타)	무엇을 표현할 것인가? (기사명 또는 광고 이름 등)

정보탐색 전략수립	어디서, 어떻게 찾을 것인가? 역할 분담과 키워드 추출 논문 담당: 서적 담당: 인터넷 사이트 담당:
정보탐색 및 이용	정보를 찾아 필요한 부분과 출처를 A5용지에 작성하여 제출 정보 이용 시 논문 1편, 서적 1편씩 꼭 넣을 것! 논문이 없거나 내용이 너무 어려우면 서적 2편씩 꼭 넣을 것!
정보종합 및 표현	각자 찾은 자료를 종합하여 주제에 맞게 잡지 원고를 쓴다. 목차 예시 ① 개념정리-현재 상황 및 실태-우리에게 미치는 영향-해결방안 ② 개념정리-문제제기-탐구한 내용-정리 및 제안

심리적 부담을 낮춰 실현 가능성이 높은 글을 써요: 미니북 만들기

미니북(8쪽 책) 만들기는 책을 읽거나 조사한 내용을 A4용지 또는 B4용지를 이용하여 8쪽의 책으로 표현하는 활동이다. 미니북은 그리기와 쓰기 활동 모두를 포함하므로 자신의 생각을 글로 표현하는 것에 익숙한 학생, 색과 형태로 표현하는 것을 선호하는 학생 모두에게 매력적인 활동이다. 또한 미니북의 글쓰기 분량은 보고서, 제안서에 비해 적기 때문에 학생들의 인지적 부담을 낮출 수 있다는 장점이 있다. 교과 진도 때문에 활동 중심의 수업에 긴 시간을 할애할 수 없다면 1~2차시로 간단히 진행할 수 있다. 미니북 만들기 절차는 다음과 같다.

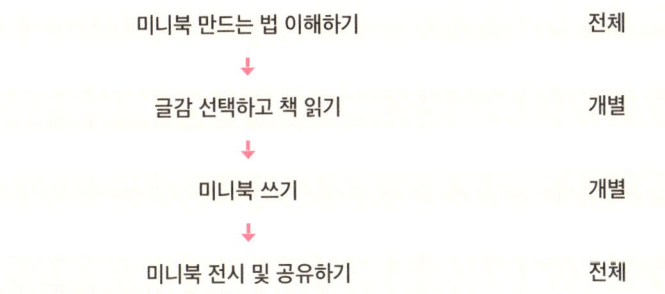

수학 교과에서 수학자 탐구를 주제로 '수학자 미니북 만들기' 활동을 했다. 보통 결과물을 만들 때 컴퓨터 글쓰기를 많이 하는데, 이 활동은 아날로그식으로 진행했다. 책의 내용 구성도 중요하지만, 책을 입체적으로 접고, 펼치고, 넘기는 경험이 필요하기 때문이다. 각 교과별로 수업에 맞춰 학생들에게 어떤 책을 만들게 할 것인가 생각해 보면 저마다 아이디어가 떠오를 것이다.

미니북 만드는 법 이해하기(전체)

오려서 접기만 하면 완성할 수 있는 A4용지 또는 B4용지를 배부한 후 책 만드는 방법을 알려 준다. 이때 학생들에게 샘플북을 제작하여 보여 주면, 학생들이 어떤 방식으로 만드는지 감을 잡을 수 있다. 필자는 수학자 중 칸토어를 선정하여 미리 미니북 샘플을 만들었고, 학생들에게 책 만드는 방법을 설명하면서 '칸토어 미니북' 샘플을 보여 주었다.

글감 선택하고 책 읽기(개별)

교과서에서 탐구할 수학자를 선정하고, 관련 도서 한 권을 고르게 한다. 수학을 잘하고 좋아하는 학생은 〈수학동아〉, 〈뉴턴 하이라이트〉 잡지의 수학 관련 기사를 찾아 읽는다. 수학에 대한 마음을 비운 학생에게는 수학자를 탐구할 수 있는 만화책을 권한다. 책 선정을 마쳤다면, 학생들에게 한 시간 동안 발췌하여 읽고, 8쪽 분량으로 정리하도록 한다.

- 글감(주제): 칸토어
- 관련 도서: 김화영. 2005. 교과서를 만든 수학자들. 글담

미니북 쓰기(개별)

표지에 책 제목을 지어 적고, 아래에 저자 이름을 기재한다. 출판사 이름도 지어 본다. 수학자의 업적과 에피소드, 책 속 기억하고 싶은 문장, 소감, 출처를 기재하여 완성한다.

- 1쪽 (책제목/저자/출판사): 칸토어! 그를 알고 싶다/홍길동/집합출판사
- 2쪽 내가 선정한 수학자: 칸토어(1845~1918)
- 3쪽 수학자 선정 이유

  중학교와 고등학교 수학 교과서의 첫 단원은 항상 집합이다. 왜 집합으로 수학을 시작하는지 궁금하다. 그리고 칸토어가 현대 수학의 시작을 어떻게 알렸는지 알고 싶다.

- 4쪽 수학자의 업적: 칸토어는 집합론의 창시자. 칸토어는 수의 집합을 유한과 무한으로 구분했다. 무한집합 중에 자연수 전체 집합과 일대일 대응 관계에 있으면 '가산'으로, 자연수와 일대일 대응 관계에 있지 못한 경우는 '불가산'으로 구분했다.
- 5쪽 수학자의 에피소드: 칸토어가 집합을 연구한 목적은 무한의 성질을 규명하기 위해서다. 칸토어는 1872년 두 집합 사이에 일대일 대응

관계가 성립할 때 두 집합의 원소의 개수가 같다고 정의했다. 집합의 원소 개수가 같다는 것을 각각의 원소를 하나씩 짝지을 수 있는 대응의 개념으로 해석했다. 그는 자연수와 유리수의 개수가 같고 자연수와 실수는 그 개수가 같지 않음을 밝혀냈다. 무한은 모두 같은 것으로 간주한다는 상식을 깬 사건이었다.

- **6쪽 책 속 기억하고 싶은 문장**: 무한을 거론한다는 것 자체가 학계에서 배척당하는 일임에도 연구를 멈추지 않았다. 그렇기에 오늘날 현대 수학의 기초를 제공하고, 수학의 발전 계기를 가져올 수 있었다.(199쪽)
- **7쪽 활동 후 느낀 점 또는 소감**

  수학을 입시 과목으로 생각했다. 그런데 책을 읽고 수학자를 탐구하며 나의 사고력과 창의성을 깨울 수 있는 기회를 갖게 됐다. 이런 책을 또 찾아서 읽고 싶다.

  (출처: 김화영. 2005. 교과서를 만든 수학자들. 글담. 199~207쪽)
- **8쪽 책의 하이라이트**(한 줄로 요약하면?)

  무한 세계의 문을 열어준 칸토어의 흥미진진한 이야기

미니북 전시 및 공유하기(전체)

완성한 미니북은 옆 친구와 바꿔 읽어 보고, 피드백을 받아 고쳐 쓴다. 결과물은 교실에 전시하여 공유한다. 수업 시간이 충분하다면, 완성작을 전시한 후 'BEST 미니북 뽑기' 활동도 할 수 있다.

8쪽 책 만들기 방법

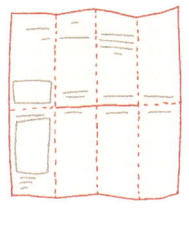 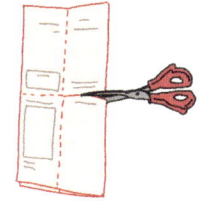 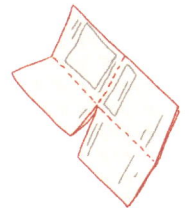

① 8칸을 접는다.　　② 굵은 실선을 따라 오린다.　　③ 엇갈리게 접는다.

 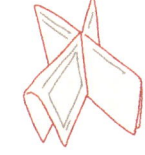 

④ 반으로 접는다.　　⑤ 한 방향으로 접는다.　　⑥ 완성

　미니북 만들기 수업은 저학력 학생, 수학 문제를 푸는 수업 시간에 무기력하게 잠만 자던 학생의 참여를 끌어낼 수 있다. 수업을 하다 보면 10분 만에 책을 읽고 미니북을 완성했다고 주장하는 학생들이 등장한다. 이런 학생들을 대비해 성의 없이 과제를 수행할 경우 다른 수학자를 추가로 탐구하게 할 것이라고 사전에 안내한다. 수업 도입 단계에서 한 명의 수학자를 정성을 다해 탐구하도록 강조하면, 대충주의자들과 만날 확률을 줄일 수 있다.

　미니북 만들기는 여러 교과에서 다양한 주제로 활용할 수 있다.

수학자 에피소드	수학자의 업적	단원 이름	대표 수학정리 수학자 수학자 업적과 관련된 그림 수학자 이름: 활동 시기~시점 (~)
책 속 기억하고 싶은 문장	활동 후 소감 출처 책제목, 저자명, 출판연도, 출판사, 수록쪽수	책의 하이라이트 (또는 한 줄로 요약하면?) 가격: _____원	(책 제목을 쓰시오) 저자(학번): _____출판사

수학과 8쪽 책 활동지 예시

'소설의 등장인물 미니북 만들기', '버킷리스트 8쪽 책 만들기', '스포츠 종목 8쪽 책 만들기', '소설 속 등장인물 미니북 제작하기', '과학자 8쪽 책 만들기', '역사 인물 미니북 만들기' 등 1~2차시의 수업으로 학생에게 큰 부담을 주지 않으면서 해 볼 수 있다.

◆ **미니북 만들기를 지도할 때 참고하기 좋은 자료**

『메타인지 수업』 이성일 지음 | 경향BP

저자가 되어 빛나는 삶을 위한 글을 써요: 책 만들기

학교 밖 세상은 텍스트를 읽고 책을 만들어 세상에 자기의 메시지를 전달하는 일들로 가득한데, 학생들은 책 쓰기 활동이 낯설고 부담스럽다.

모둠 활동을 통해 학생들이 힘을 합치면 책 만들기가 가능하다. 학급의 각 학생이 한 장씩 글을 쓰고 이를 모아 학급별로 한 권의 책을 만들거나, 1인당 4~5장씩 글을 쓰고 모둠별로 모아 한 권의 책을 만들 수 있다. 책 만들기는 공개가 기본값이기 때문에 그 자체로 내적 동기를 유발한다. 또한 쓰기 능력의 향상, 스스로를 작가로 인식하는 경험은 평생 독자가 되는 데 도움이 된다.

단계	대상
책 만들기 활동 이해하기	전체
↓	
글감 선정하기	개별, 모둠
↓	
계획서 작성하기	개별, 모둠
↓	
정보 찾기	개별
↓	
글쓰기	개별, 모둠
↓	
발표 및 평가	전체

프랑스어 교과에서 프랑스의 생활문화, 전통문화, 교육문화, 사회문화, 예술문화 탐구를 위한 '책 만들기'를 했다. 프랑스어권 국가의 문화를 교사가 설명하는 것보다 학생들이 다양한 경로로 정보를 찾고, 모둠별 협의를 통해 주제를 선정하여 조사하고 요약, 발표하는 과정을 통해 이해하는 것이 효과적이기 때문이다. 5차시에 걸쳐 관심 있는 프랑스 문화 주제를 정하여 자료를 조사하고, 책을 쓰게 했다. 완성한 책은 '저자와의 대화' 발표회를 열어 공개했다.

책 만들기 활동 이해하기(전체)

교사는 프랑스어 시간에 프랑스 문화를 주제로 책 만들기 활동을 하는 취지, 이 활동의 좋은 점과 흐름을 설명한다. 과제를 부담스러워하는 학생들의 정서적 장벽을 먼저 허물어야 책 만들기 계획서가 잘 나오고, 책을 완성할 수 있다.

- **취지**
  교과서에 제시된 프랑스 문화 내용은 방대한 프랑스 문화를 축약해서 좁게 다루고 있다. 교과서를 벗어나 다양한 정보원에서 관심사와 연관 지어 프랑스어권 문화를 찾아 읽고 공부한다.
- **과제**
  모둠별로 프랑스어권 문화 책 1권 만들기, 책 만들기 계획서 1부 제출.

글감 선정하기(개별, 모둠)

교사가 제시한 프랑스 문화 주제 중 탐구하고 싶은 주제를 고르게 한다. 주어진 수업 시간 내에 책을 만들어야 하므로 주제의 범위를 스스로 좁히도록 한다. '프랑스 과학'을 선택했다면 '앙리 푸엥카레' 한 명의 과학자를 탐구하게 한다. 글감의 범위가 넓으면 주어진 시간 내에 자료를 읽고 내용을 소화하여 책을 쓰기가 힘들다.

- 프랑스의 교육
- 프랑스의 문학
- 프랑스 축제와 행사
- 프랑스 미술과 영화
- 프랑스의 관광
- 프랑스 음악
- 프랑스 과학과 공학
- 프랑스의 디자인과 패션
- 프랑스 요리
- 프랑스어권 국가의 문화(벨기에, 튀니지, 세네갈, 모로코, 스위스)

계획서 작성하기(개별, 모둠)

책 만들기 계획서를 작성하도록 한다. 모둠에서 논의한 주제를 쓰고, 역할을 나누며, 목차, 본문 내용을 구상하여 예상 독자를 쓰게 한다. 책을 읽는 사람, 읽어야 할 사람을 고려하면 글쓰기가 달라지기 때문이다. 학생들은 계획서 작성을 통해 어떻게 쓸 것인지 생각하며 읽고 찾게 된다. 계획은 어디까지나 계획이며 변형 및 수정이 가능함을 알려 준다. 이 과정에서는 본격적인 탐색에 앞서 예비조사가 필요하다. 관련된 책의 목차를 훑어보거나 웹사전에서 탐

책 만들기 주제	프랑스의 과학과 공학
표지	책이름: 프랑스에서 만난 과학과 공학의 세계
독자	예상 독자: 프랑스어 선택 학급 읽었으면 하는 사람: 프랑스 방문 예정인 이과 전공자들
프롤로그	주제 선정 이유/집필 동기/책의 가치 프랑스 하면 프랑스의 음악과 패션, 문학 등 예술을 가장 먼저 떠올린다. 하지만 프랑스는 세계적으로 경쟁력 있는 높은 과학기술력을 가지고 있다. 우리는 남들이 잘 알지 못하는 프랑스의 모습을 보여주고 싶다.
본문 (본문 주요 제목)	1. 프랑스의 과학자(마리 퀴리, 르네 데카르트) 2. 프랑스의 건축 3. 프랑스 국립 우주 센터 4. 프랑스 로봇
에필로그 (소감, 보완점)	프랑스어 시간에 과학을 생각하는 것의 의미

구하고자 하는 주제의 개념 및 정의를 찾아보며 개괄적인 정보를 알아보는 시간을 준다.

정보 찾기(개별)

정보를 찾을 때 책과 인터넷을 활용한다. 가급적 책을 먼저 찾아보게 한 후 책에서 찾지 못한 내용을 인터넷으로 찾아 보완하도록 한다. 인터넷을 먼저 찾아보게 하면 책을 읽지 않고 인터넷만 활용하는 학생이 생길 수 있다. 수업에서만큼은 다양한 정보원을 넘나들며 정보를 활용하도록 하는 세심한 지도가 필요하다.

먼저 발췌독을 하며, 책에서 찾은 내용이 있다면 참고한 쪽수를 메모하게 한다. 책을 활용할 때 관련 주제 책 바구니를 준비하여 골라서 읽고 의미 있는 정보를 찾는다. 인터넷 검색을 할 때는 '프랑스 문화' 관련 웹사이트를 미리 조사하여 알려 준다. 사이트 이름과 주소를 안내하고, 해당 사이트에서 어떠한 정보를 얻을 수 있는지 간단히 소개하면 더 좋다. 학생들에게 교사가 제시한 웹사이트에서 정보를 먼저 찾아보고, 그곳에 정보가 없다면 포털 검색을 하도록 한다. 인터넷에서 유용한 정보를 찾았다면 출처와 함께 해당 내용을 '정보분석지'에 적어 놓게 한다.

- 프랑스의 과학자 '르네 데카르트'
  프랑스의 철학자·수학자·물리학자인 데카르트의 일생, 데카르트가 세상에 남긴 것들
- 프랑스의 과학자 '마리 퀴리'
  최초의 여성 과학자, 라듐이라는 물질의 발견, 최초의 여성 노벨상 수상자
- 프랑스의 건축 : 노트르담 대성당, 베르사유 궁전, 퐁피두 센터, 루브르 박물관

글쓰기(개별, 모둠)

본문 내용을 쓸 때 조사 내용에 대한 자기 생각이 드러나도록 강조한다. 본문 분량의 10% 정도는 자신의 의견과 아이디어로 채워 쓰게 해야 '나의 글'이 된다. 본문을 다 쓰면 모둠원이 쓴 내용을 목차의 순서에 맞춰 합치도록 한다.

프롤로그에는 왜 이 주제로 책을 썼는지, 간략한 내용 소개를 담게 한다. 에필로그에는 각자 글을 쓰며 좋았던 점, 힘들었던 점, 느낀 점 등을 모아 넣도록 하고, 마지막으로 판권지를 만들게 한다. 판권은 책의 앞쪽이나 뒤쪽에 넣는다고 알려 주고, 자신이 참고한 책의 판권을 직접 확인하게 하여 어떻게 작성하는지 감을 잡게 한다. 판권에는 발행일, 저자 이름, 출판사, 출판사 주소, 가격 등 서지 사항이 담겨 있음을 알려 준다. 학생들에게 판권지를 만들어 책 앞 속표지나 맨 뒷면에 넣도록 한다.

- 에필로그
  - 프랑스어 시간에 과학을 생각한다는 점이 새로웠다. 데카르트가 우리의 현세에 영향을 준 업적이 너무도 많고 다양해서 꽤 골치가 아팠다. 그 글들을 읽느라 힘들었다. 내가 한 것은 책의 내용과 조사한 것을 정리한 수준이지만 다음에는 정말 나의 이야기로 된 책을 한번 만들고 싶다.

- 처음에는 책을 써야 한다는 부담감에 당황스러웠는데, 책을 만들다 보니 모르는 사실을 알게 되었고, 프랑스문화에 대한 지식을 많이 쌓을 수 있었다. 만약 다시 책을 만든다면 이보다 더 많은 참고자료를 공부할 것이고, 재미 요소를 추가하여 글을 쓸 것이다.

발표하기(전체)

마지막으로 발표회를 통해 각자 만든 책을 친구들에게 공개한다. 시간이 부족하다면 이 과정을 책 전시회로 대체할 수 있다. 발표회를 할 때 '저자와의 대화' 형식으로 발표를 진행하면 학생들에게 진짜 저자가 되어 보는 경험을 갖게 할 수 있다. 학생들은 저자의 발표를 들으며 궁금한 점을 메모하고, 질의응답 시간을 갖는다. 시간이 부족하여 발표할 수 없다면 완성한 책을 교과교실에 전시하여 쉬는 시간이나 점심시간을 활용해 읽도록 하고, 스티커를 붙이게 하여 '우리 반 최고의 책'을 뽑아 보는 활동을 한다.

교과 시간에 이뤄지는 책 만들기는 대부분 프로젝트로 진행하기 때문에 결과물보다는 만드는 과정에 초점을 맞추는 것이 중요하다. 만드는 과정에서 각 단계마다 과제를 수행했는지 확인했다가 그것을 모아 평가할 수 있다. 책을 읽고 정보를 찾아 기록한 것, 계획서를 쓴 것 등 교사의 재량에 따라 평가한다. 각 단계별로 해야 할 활동이 제대로 이뤄지지 않고, 완성도가 떨어지면 다음 단계 진행

이 어렵기 때문에 과제로 부과하거나 남아서 부족한 부분을 채우게 해야 한다.[29]

　책 만들기 수업은 여러 교과에서 다양한 주제로 활용할 수 있다. '공학 관련 사회적 기업 조사하여 책 만들기', '국악의 역사와 발전 방안을 담은 책 만들기', '사회 불평등 구조를 탐구할 수 있는 고전을 읽고 모둠별로 책 만들기', '과학자 책 만들기', '역사 인물 책 만들기' 등 다채롭게 시도할 수 있다.

학생들이 만든 프랑스 문화 책

◆ 책 만들기를 지도할 때 참고하기 좋은 자료

『한 학기 한 권 읽기 어떻게 할까?』 김주환 외 지음 | 북멘토

책 만들기 계획서

우리 모둠 책 만들기 주제	
표지	책이름(title) 부제(subtitle) 글쓴이 이름 출판사 이름
독자	이 책을 읽을 것으로 예상하는 사람, 읽었으면 하는 사람
프롤로그	주제 선정 이유/집필 동기/책의 가치
본문 (본문 주요 제목/쪽수)	1. 소주제(chapter) 2. 소주제(chapter) 3. 소주제(chapter) 4. 소주제(chapter) 5. 소주제(chapter)
에필로그 (각자 후기, 소감, 보완점)	
책을 쓸 때 참고문헌 (저자, 서명, 출판사)	본문 작성자들은 참고문헌을 각주로 달아 참고문헌 담당자에게 제출
우리 모둠이 만들 책의 판권지	1. 발행일 (년 월 일) 2. 저자 이름 3. 출판사 이름, 출판사 주소 4. 가격

책 만들기 정보분석지

작성일자	1회(년 월 일) 2회(년 월 일) 3회(년 월 일) 4회(년 월 일)
내가 맡은 소주제(키워드)	
노트 내용 *내용별 참고문헌을 밝히고, 각주 달기	TIP! 책, 뉴스기사, 동영상 등의 정보를 분석할 때 ① 사실 ② 전문가의 의견 ③ 통계 ④ 사례 등을 수집할 것
조사 내용에 대한 내 생각	
소감 또는 보완점	

한눈에 쏙쏙 들어오게 홍보하는 글을 써요: 리플릿 만들기

리플릿이란 1매의 작은 종이에 인쇄한, 꿰매지 않은 홍보물이다. 리플릿 만들기는 광고 글쓰기의 과정을 경험하게 하며, 텍스트와 이미지를 활용하기 때문에 글쓰기 부담을 줄일 수 있다. 교과 시간에 책을 읽고, 결과물을 만드는 데 많은 시간을 쓸 수 없다면 리플릿 만들기를 해 볼 수 있다. 리플릿은 학생들이 손으로 그리고, 사진을 출력하여 붙이는 아날로그 방식으로 만들 수도 있지만, 최근에는 디지털 플랫폼을 활용하여 손쉽게 제작할 수 있다. 미리캔버스Miricanvas, 망고보드Mangoboard, 캔바Canva에서 무료 리플릿 양식을 제공한다. 활동은 이러한 플랫폼 사용 기술을 익히는 것에 중점을 두어서는 안 된다. 결과물을 만들기 위해 학생이 스스로 탐구하고 싶은 지역을 정해 텍스트와 시각자료를 읽고, 찾고, 분석하는 과정을 경험하는 것이 핵심이다. 지도 절차는 다음과 같다.

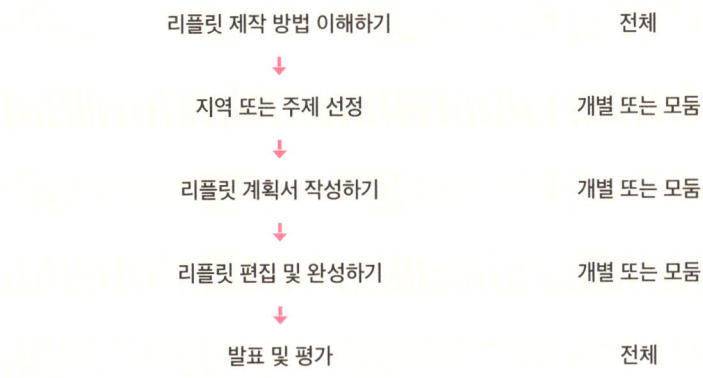

한국지리 교과에서 '우리나라 지역 이해' 학습을 위해 지역 홍보 리플릿 만들기를 했다. 지역의 의미와 구분 기준의 다양성을 학습하기 위한 최선의 방법은 스스로 원하는 지역을 선정하여 탐구하는 것이다. 1, 2차시에 자료를 조사하고 리플릿 계획서를 작성하고 3차시에 리플릿을 편집하여 완성하도록 했다.

리플릿 제작 방법 이해하기(전체)

- **과제 제시**

  학생들에게 지역 홍보 리플릿 만들기 수행평가 과제를 안내한다. 이때 교과마다 필수로 들어가야 하는 정보 요소가 있다면 학생들이 놓치지 않도록 강조한다.

  - 분량: 3단 6면 리플릿
  - 지역 홍보 리플릿 만들기 단계

    1단계 지역 선정 → 2단계 리플릿 계획서 작성 → 3단계 자료조사 및 리플릿 제작 → 4단계 전시

  - 지역 홍보 리플릿에 꼭 들어가야 하는 내용

    ○ 지역 특징, 특산물, 지형, 관광 등 연계성 여부

    ○ 사진 4개 이상 포함(지역 관광지 2개, 지역 특산물 및 음식 2개)

    ○ 사진 크기는 전체 분량의 1/3 이하로 규정

- **지역 홍보 리플릿 계획서 작성법 안내**

리플릿은 아이디어에 기반을 둔 창작물이 아니므로 자료조사는 필수임을 강조한다. 리플릿은 실물 자료를 확보하여 보여 주면 이해가 빠르다.

- 리플릿이란? 1매의 작은 종이에 인쇄된 꿰매지 않은 팸플릿

- 샘플 계획서를 보여 주기

각 지면별로 어떤 방식으로 내용을 쓰는지 샘플 계획서를 보여 주고, 특산물과 음식의 차이점, 지형 등을 어떻게 쓰는지 설명한다.

지역 또는 주제 선정(개별 또는 모둠)

홍보하고 싶은 지역을 정하고, 해당 지역에 대해 알고 있는 것을 쓰는 것으로 리플릿 만들기를 시작한다. 친지 방문, 여행 경험을 떠올리며 지역을 정하도록 한다.

- **파주**: 장단콩, 안보, DMZ, 출판도시, 헤이리, 개성, 운정호수
- **가평**: 잣향기 푸른숲, 자라섬, 호명호수, 허수아비 마을, 잣, 명지산
- **공주**: 계룡산, 금강, 웅진, 백제, 마곡사, 갑사, 알밤, 무령왕릉

지역 홍보 리플릿 계획서 작성하기(개별 또는 모둠)

정보를 수집하며 홍보 리플릿 계획서를 작성한다. 지역 홍보 리플릿이기 때문에 최신성 있는 정보의 수집이 중요함을 설명한다.

- 정보 수집하기

    준비한 관광책자와 지도를 통해 먼저 정보를 수집하고, 인터넷에서 리플릿에 넣을 사진과 지도 같은 시각자료를 검색한다. 이때 포털 검색을 바로 하기보다 각 지역 시청 홈페이지 '관광' 메뉴를 먼저 이용하도록 한다.

- 지역 홍보 리플릿 계획서 작성하기

    리플릿의 길잡이가 되는 계획서를 작성한다. 학생들은 정보는 쉽게 찾아 쓰지만, 1면의 제목과 짧은 소개 문구, 2면의 홍보 문구 쓰기는 자신의 아이디어와 생각이 들어가기 때문에 어려워한다. 이때 관광 책자와 지도의 홍보 문구를 참고하여 자신의 생각을 덧붙여 쓰도록 지도한다.

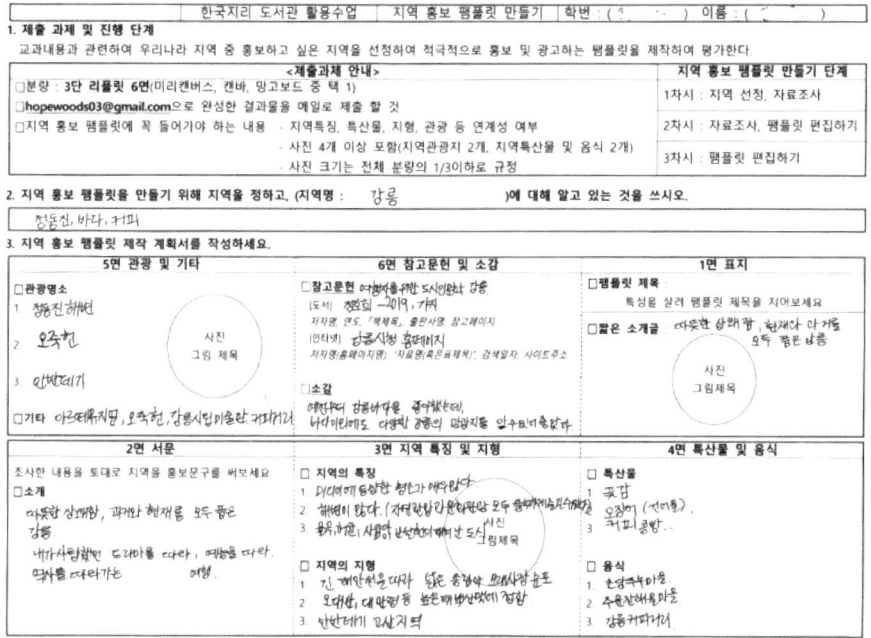

| 해남 지역 홍보 리플릿 계획서 |

- 1면 | 표지
  1. 리플릿 제목: 한반도의 또 다른 시작점
  2. 짧은 소개글: 알고 보면 더 매력 있는 해남

- 2면 | 서문(지역 소개)

  우리나라 문화, 강강술래를 지키는 도시!

  공룡화석지 같은 역사가 함께하는 도시!

  우리나라 청자와 된장의 시작인 도시!

  살기 좋은 도시를 만들기 위해 노력하는 해남 땅끝마을로 놀러 오세요!

- 3면 ┊ 특산물 및 음식
  1. 땅끝 바다에서 막 건져 올린 김으로 만든 해남의 향토요리 김장아찌
  2. 해풍을 맞아 영양이 가득하고, 겨울철에도 자라 식감이 아삭한 겨울 배추로 만든 절임 배추김치
  3. 고구마 모양과 색깔의 쫄깃한 피와 고구마 앙금이 들어간 고구마빵
  4. 재래 방식의 토판염으로 생산된 질 좋은 소금
- 4면 ┊ 지역의 특징 및 지형
  1. 지역의 특징: 우리나라 최남단의 반도 지형 형성, 기후가 따뜻하여 음식의 간이 셈, 바다와 산이 잘 어우러진 도시
  2. 지역의 지형: 소백산맥의 지맥이 해남반도 끝까지 이어져 완만한 구릉 지대 형성, 분지형 소규모의 협곡을 따라 흐르는 소하천, 선캄브리아기 변성암 복합체가 기저를 이룸
- 5면 ┊ 관광명소 소개
  1. 고천후조: 고천암 철새 군무를 배경 삼은 갈대밭을 즐길 수 있어요!
  2. 주광낙조: 해남 구 목포구 등대와 함께 빛나는 바다를 볼 수 있어요!
  3. 문가든: 초록빛 정원 카페에서 맛있는 디저트를 즐기며 쉴 수 있어요!
- 6면 ┊ 참고문헌 및 소감
  1. 참고문헌: 디지털 해남 문화대전, 해남군청
  2. 소감: 우리나라 반도 끝에 위치한 해남이라는 군을 보다 잘 알 수 있는 계기였다.

리플릿 편집 및 완성하기(개별 또는 모둠)

지역 홍보 팸플릿 제작 강의 슬라이드

리플릿 디자인 시 유의사항을 고려하여 리플릿을 편집하도록 한다. 매체를 활용한 수업을 할 때 학생들의 매체 활용 능력 편차가 크다. 디지털 플랫폼을 처음 사용하는 학생이 있다면 옆에서 교사가 좀 더 세심하게 활용법을 알려 줘야 한다.

- **리플릿 디자인 시 유의사항**
  - 접지를 고려하기
  - 글자를 적게 넣기
  - 색상의 종류 적게 사용하기
  - 포인트는 사진과 이미지로 주기
- **리플릿 편집 및 완성하기**
  - **시각자료 포함하기**

    리플릿은 시각자료가 포함되어야 하므로 텍스트를 입력하고 이해를 도울 수 있는 사진 또는 그림을 4개 이상 넣도록 한다. 예를 들어 강릉 지역 명소로 정동진을 선정했다면, 정동진 해변 사진을 포함한다.
  - **리플릿 편집하기**

    리플릿의 문구를 작성할 때 계획서에 메모해 놓은 키워드를 줄글로 풀어 쓰게 한다. 예를 들어 가평 특산물이 '잣'이라면 어떤 기후와 지형적인 특징 때문에 잣이 특산물인지 뒷받침 설명을 밝히게 한다.

발표 및 평가

완성한 리플릿은 전시회를 열거나 발표를 통해 공유한다. 이때 A4로 평범하게 컬러 인쇄를 할 수도 있지만, 교과 예산이 있다면 인쇄소에 맡겨 출력한다. 인쇄한 리플릿은 전시하고, 학생들에게 잘 만든 리플릿에 스티커를 붙이게 하여 '최고의 리플릿'을 뽑아 보게 한다. 또한 해당 지역 시청 관광과로 자신이 제작한 지역 홍보 리플릿 사용을 제안하는 메일을 보내는 활동도 가능하다. 공유의 대상이 학교를 넘어 실세계로 넘어가면 불특정 다수가 보는 결과물이 되기 때문에 좀 더 신경 써서 만들게 된다.

수업 시간에 잠을 자거나 아무것도 안 하던 학생에게 실세계에서 사용하는 지도와 관광책자를 참고자료로 제시하고 단계별로 도움을 주니, 그 학생이 리플릿을 만들어냈다. 꼼지락거리며 지도에

지역 홍보 리플릿 전시회

서 소개할 지역의 지형요소를 찾고 특산물과 대표음식을 조사했다. "관광책자와 지도를 활용해 조사를 했고, 텍스트를 보충하는 사진을 넣어 가독성 있게 리플릿을 완성했구나. 이 반에서 여수 지역은 A가 가장 많이 알고 있단다. 그런 자신감으로 다음 수업도 참여하면 된단다."라고 하면서 과제를 끝낸 학생들이 다음 과제를 해낼 긍정의 에너지를 기르도록 장점을 격려하는 일도 잊지 않았다.

리플릿 제작하기 수업을 할 때 다음 2가지 사항에 유의한다.

첫째, 경험에 기반한 창작 활동에서 그치지 않도록 정보수집에 도움이 되는 관광책자와 지도, 참고하면 좋을 인터넷 사이트를 사전에 준비한다. 교과서의 평면적인 자료에서 벗어나 학교 밖에서 생산된 생생한 자료를 제공하면 학생들은 매력을 느끼고 학습에 적극 참여한다. 자료는 각 지역 시청 홈페이지에 접속하여 무료로 신청할 수 있다. 우편으로 리플릿을 받기까지 열흘 정도의 시간이 걸리니 여유 있게 신청하는 것이 좋다.

둘째, 디지털 플랫폼을 이용한다면 '회원가입' 및 '로그인'을 사전 과제로 안내한다. 수업 시간에 로그인하는 데 시간과 에너지를 쓰게 되면 활동 시간이 줄어들고 학생들의 피로도가 높아져, 정작 중요한 활동에 집중하지 못하게 된다. 사전에 디지털 플랫폼의 아이디와 비밀번호를 알아 오도록 한다.

리플릿 만들기 수업은 여러 교과에서 적용이 가능하다. '우리고장 관광안내 리플릿 영어 버전으로 만들기', 'K-POP 리플릿을 제작하여 SNS에 올리기', '세계사 4대 문명 소개 리플릿 만들기', '지구과학-기후변화를 막기 위한 홍보 리플릿 만들기', '가정-외국인에게 한국 문화를 알릴 수 있는 우리나라의 고유한 의식주 홍보 리플릿 제작하기' 등 다양한 주제로 각 교과의 특성에 맞게 실천할 수 있다.

평소 교실에서 아무것도 안 하던 학생이 완성한 지역 홍보 리플릿

여수 지역 홍보 리플릿

해남 지역 홍보 리플릿

리플릿 제작 계획서

1. 지역 홍보 리플릿을 만들기 위해 지역을 정하고, (지역명:)에 대해 알고 있는 것을 쓰세요.

2. 지역 홍보 리플릿 제작 계획서를 작성하세요.

5면 관광 및 기타	6면 참고문헌 및 소감	1면 표지
· 관광명소 1. 2. 3. · 기타 (사진 그림제목)	· 참고문헌 [도서] 저자명. 연도. 『책제목』. 출판사명. 참고페이지 [인터넷] 저자명(홈페이지명). "자료명(혹은 표제목)". 검색일자. 사이트 주소 · 소감	· 리플릿 제목: 특성을 살려 팸플릿 제목을 지어 보세요. · 짧은 소개글: (사진 그림제목)

2면 서문	3면 지역 특징 및 지형	4면 특산물 및 음식
조사한 내용을 토대로 지역 홍보 문구를 써 보세요. · 소개 (사진 그림제목)	· 지역의 특징 1. 2. 3. · 지역의 지형 1. 2. 3.	· 특산물 1. 2. 3. · 음식 1. 2. 3. (사진 그림제목)

부록 1

찾으면 다 안 나오니까
배우는 다양한 검색 꿀팁

디지털 환경에서 똑똑한 이용자$_{user}$가 되려면 뉴스 기사, 소셜미디어에 올라오는 짧은 정보, 블로그나 커뮤니티 게시글 등 다양한 형태의 온라인 자료를 부지런히 읽고, 섬세하게 따져보는 태도가 필요하다. 디지털 환경에서 자신의 주장을 뒷받침하는 재료를 효과적으로 찾을 수 있는 꿀팁은 다음과 같다.

첫째, 동일 주제의 여러 텍스트에서 정보를 찾는다. 같은 주제의 다른 텍스트가 어떻게 이야기를 하고 있는지 서로 다른 문서의 연결점과 충돌되는 지점은 무엇인지 파악한다. 예를 들어 'ChatGPT와 일자리'에 대해 탐구한다면, 다양한 출처의 여러 텍스트를 읽고 종합하여, AI 기술 발달이 위기가 될지 기회가 될지 판단한다.

둘째, 2개 이상의 검색엔진을 활용한다. 대표적인 검색엔진으로 네이버Naver와 구글Google이 있는데, 두 검색엔진의 특성이 달라서 검색했을 때 나오는 자료에 차이가 있다. 따라서 다양한 형식의 자료를 얻고 싶다면 2개 이상의 검색엔진을 골고루 활용한다.

셋째, 주제와 관련 있는 기관 홈페이지를 이용한다. 기관 홈페이지에는 깊이 있는 자료들이 많다. 예를 들어 구글에서 '기후위기단체 목록'으로 검색하면 목록이 뜬다. 그중 기후위기 주제와 연관 있는 곳에 들어가 정보를 수집한다.

넷째, 정보의 정확성 판별이 어려운 어린 학습자를 대상으로 검색 과제를 낼 때 어항전략을 사용한다. 교사는 참고할 만한 사이트를 검토하여 신뢰할 수 있는 사이트 목록을 만들어 학생들에게 제공한다. 학생은 교사가 제시하는 웹사이트 링크 내에서만 정보를 찾아 학습활동을 한다. 단편적인 정보가 아닌 종합적인 정보가 나와 있는 사이트가 더 좋다.[30] 그래야 학생이 단편적인 사실을 옮겨 쓰거나 베껴 쓰지 않는다.

어항전략 예시

* 서양음악사 관련 자료입니다. 이 자료를 활용하여 프로젝트를 진행하세요.

시대 구분	서양음악사 작곡가 위키	음악 들어보기
바로크 음악	헨델	헨델
고전 음악	베토벤	베토벤
낭만 음악	쇼팽	쇼팽
민족주의 음악	드보르자크	드보르자크
인상주의와 20세기 음악	슈톡하우젠	슈톡하우젠

부록 2

교과 수업에 문해력 도구를 통합적으로 적용하는 방법

교과 학습을 위한 문해력 수업을 진행한다면 다양한 문해력, 표현력 도구를 통합적으로 적용할 수 있다. 영어권 문화 교과에서 2차시에 걸쳐 '다문화주의' 월드카페를 할 때의 수업 설계 틀은 다음과 같다. '다문화주의 Multiculturalism' 학습을 위해 배경지식 활성화, 자료 찾기, 요약하기, 월드카페 대화 4개의 문해력·표현력 도구를 활용했다.

(영어권 문화) 교과 학습을 위한 문해력 수업 설계 틀	
단원	Lesson7. Multiculturalism
문해력 지도내용	배경지식 활성화, 자료 찾기, 요약하기, 월드카페 대화

성취기준	[12영화02-02] 영어권 문화에 관하여 듣거나 읽고 타 문화에 대한 자신의 의견이나 감정을 말할 수 있다. [12영화03-02] 영어권 문화에 관한 글을 읽고 주제 및 요지를 파악할 수 있다.
학습목표	1. 다문화주의 배경지식을 '닻소리표'에 쓸 수 있다. 2. 다문화주의 관련 뉴스 기사를 찾아 질문을 만들 수 있다. 3. 월드카페 대화를 통해 다문화주의에 대해 올바른 시각을 제시할 수 있다.
학습 주제	'다문화주의' 월드카페 대화
차시별 계획	[1차시] 1. 닻소리표로 '다문화주의' 배경지식 활성화 2. 닻소리표에 채웠던 키워드를 활용하여 '다문화주의' 관련 뉴스 기사 검색하기 3. 참고문헌카드에 뉴스 기사를 5W1H로 요약하기 4. 뉴스 기사를 토대로 월드카페 대화 질문 만들기 [2차시] 5. 다문화주의를 주제로 월드카페 대화하기
학습자료	다문화주의 뉴스 기사

한국지리 교과에서 '지역 홍보 리플릿 만들기'를 3차시에 걸쳐 진행할 때 수업 설계 틀은 다음과 같다. '지역의 의미와 지역 구분' 학습을 위해 배경지식 활성화, 자료 찾기, 요약하기, 개요 작성, 리플릿으로 표현하기 총 5개의 문해력·표현력 도구를 활용했다.

(한국지리) 교과 학습을 위한 문해력 수업 설계 틀

단원	Ⅶ. 우리나라의 지역 이해 1. 지역의 의미와 지역 구분
문해력 지도내용	배경지식 활성화, 자료 찾기, 요약하기, 개요 작성(계획서), 리플릿으로 표현하기
성취기준	[12한지07-01] 구체적인 사례를 통해 지역의 의미와 지역 구분 기준의 다양성을 이해하고, 학생 스스로 선정한 기준에 의해 우리나라를 여러 지역으로 구분한다.
학습목표	[1차시] 학생 스스로 선정한 기준에 의해 우리나라를 여러 지역으로 구분하며 지역 홍보 팸플릿 계획서를 작성할 수 있다. [2차시] 지역의 의미와 지역 구분의 다양성을 이해하며 팸플릿 제작을 위해 자료를 조사할 수 있다. [3차시] 조사한 자료를 팸플릿의 형식에 맞춰 조직 및 표현할 수 있다.
학습 주제	지역 홍보 리플릿 제작하기
차시별 계획	[1차시] 1. 탐구 지역 브레인스토밍을 통해 배경지식 활성화 2. 관광책자와 지도를 읽고 텍스트 중심으로 조사 내용 정리 3. 지역 홍보 팸플릿 계획서 작성 [2차시] 4. 리플릿에 넣을 이미지를 중심으로 자료 조사 5. 리플릿 편집하기 [3차시] 6. 조사한 자료를 토대로 리플릿 완성하기
학습자료	관광책자와 지도, 인터넷 각 지역 관광정보 사이트

부록 3

문해력 수업을 사서교사와 공동으로 설계 및 진행하는 방법

    교과 학습 주제에 맞춰 어떤 텍스트를 읽고, 어떠한 문해력 도구를 적용할지 사서교사와 협의하여 수업을 진행한다면 학생들은 더 잘 배울 수 있다. 물론, 협동수업을 하려면 소통하기 위한 에너지와 시간이 필요하다. 하지만 학생들이 양질의 자료에 더 쉽게 접근하고 제대로 읽고 쓸 수 있다면 1시간의 수업 연구 시간을 허무는 것이 전혀 아깝지 않을 것이다.

    협동수업은 2, 3월 교과 평가계획을 수립하기 전 설계하는 것이 이상적이다. 3월에 연간 평가계획을 수립하듯이, 신학기에 교과 학습을 위한 문해력 수업을 공동 설계한다면 진도를 조정할 수 있어서 읽고 쓰기 위한 학습 시간을 만들 수 있다. 사서교사와 1차시의 짧은 호흡으로 진행할 수 있는 협력수업 설계 틀은 다음과 같다.

사서교사와 협력수업으로 진행할 때의 문해력 수업 설계 틀

정보 교과

공동설계	성취기준	[12정보01-06]사이버 공간에서 발생하는 사회적 문제를 예방하기 위해 제도를 이해하고 사이버 윤리를 실천한다.
	단원	Ⅰ.정보문화 2. 정보윤리 (4) 사이버윤리
	학습 주제	사이버 범죄의 종류와 대응 방안
	문해력 지도 내용	그래픽 조직자 스파이더 맵(spider-map)으로 구조화하며 읽기
	학습목표	사이버 범죄 예방을 위한 텍스트를 읽고, 수법과 현황 및 대처 방안을 스파이더 맵에 쓸 수 있다.
	학습자료	• 사이버 범죄 예방 관련 도서 50종 • 사이버 대응 관련 사이트 3종

	흐름	정보교사	사서교사
공동수업	도입	• 정보교사가 수업의 취지와 학습목표, 학습과제를 설명한다. • 사이버범죄의 종류를 설명하고, 원하는 탐구 주제를 고르도록 한다.	• 활용 가능한 정보원을 안내한다.
	전개	• 사이버범죄 예방을 위한 스파이더 맵 예시를 보여 주고, 작성 방법을 설명한다. • 학생의 스파이더 맵(그래픽 조직자) 작성 과정을 피드백한다.	• 목차와 색인을 활용한 발췌독 방법을 설명한다. • 참고정보원별 출처 기재 방법을 안내한다.
	평가	• 결과물의 교과 내용 평가: 완성한 스파이더 맵 결과물의 내용 정확성, 주제에 맞게 구성했는지 여부를 평가한다.	• 결과물의 정보활용능력 평가: 다양한 자료 활용 여부, 출처 기재, 스파이더 맵을 공란 없이 구체적인 예시와 설명으로 뒷받침했는지 평가한다.

3차시 이상의 수업은 학습 주제와 연관지어 텍스트를 읽고, 결과물로 만드는 깊이 있는 학습이 가능하다. 사서교사와 긴 호흡으로 협력수업을 진행할 때 문해력 수업 설계 틀은 다음과 같다.

사서교사와 협력수업으로 진행할 때의 문해력 수업 설계 틀

음악 교과

공동설계	성취기준	[12음02-03] 다양한 시대의 음악을 듣고 역사·문화적 배경과 관련지어 음악의 특징을 비교하여 설명한다.
	단원	IV. 감상으로 만나는 음악 2. 서양음악사
	학습 주제	서양음악사 사전 만들기
	문해력 지도 내용	'브레인라이팅'으로 글감 찾기, 참고문헌카드 작성하기, 사전 만들기
	학습목표	[1차시] '브레인라이팅'을 통해 글감을 찾아 서양음악사 사전 만들기 계획서를 작성할 수 있다. [2차시] 서양음악의 특징, 역사·문화적 배경 정보를 찾아 읽고, 참고문헌카드에 쓸 수 있다. [3차시] 조사한 자료와 음악 감상 내용을 토대로 서양음악사 사전을 만들 수 있다.
	학습자료	• 서양음악사 관련 도서 50종

	흐름	음악교사	사서교사
공동수업	1차시	• 수업의 취지와 학습목표, 학습 과제를 설명한다. • '브레인라이팅'을 통해 글감을 찾아 서양음악사 사전 만들기 계획서를 작성하도록 한다.	• 활용 가능한 정보원을 안내한다.
	2차시	• 감상한 음악을 QR코드로 만들게 한다. • 자료 조사 및 감상 과정을 피드백한다.	• 목차와 색인을 활용한 발췌독 방법을 설명한다. • 참고정보원별 출처 기재 방법을 안내한다.
	3차시	• 조사한 자료와 감상을 토대로 '나만의 단어 뜻풀이'를 작성하도록 한다.	• 학생의 언어로 쓴 '서양음악가(또는 악기) 뜻풀이'를 사전의 형식에 맞춰 조직하도록 한다.

참고문헌

1) 김은하. 2015. 독서교육, 어떻게 할까?. 서울 : 학교도서관저널. 200
2) 조병영. 2022. 조병영의 문해력 수업. 서울 : 아이스크림연수원 제18강
3) 조병영. 2022. 조병영의 문해력 수업. 서울 : 아이스크림연수원 제7강
4) 마이크 앤더슨. 2021. 교사의 말. 서울 : 교육을바꾸는사람들. 206
5) 수잔 M. 브룩하트. 2022. 현장교사를 위한 효과적인 피드백 방법. 서울 : 학지사. 26
6) 박현수. 2022. 야무지게 읽고 쓰는 문해력 수업. 전북 : 기역. 75
7) 김주환. 2019. 교사를 위한 독서교육론. 서울 : 우리학교. 117
8) 이경화 외. 2007. 교과 독서와 세상 읽기. 경기 : 박이정. 218
9) 박찬선. 2022. 느린 학습자를 위한 문해력. 서울 : 학교도서관저널. 230
10) 천경록 외. 2021. 활동 중심 독서 지도. 경기 : 교육과학사. 132
11) Ruth Helen Yopp, Hallie Kay Yopp. 2015. 학습부진 및 난독증 학생을 위한 읽기 이해 교수방법. 서울 : 학지사. 138
12) 고영리. 2019. 자료 찾기가 어렵습니다. 경기 : 더디퍼런스. 32
13) 이순영 외. 2018. 독서교육론. 서울 : 사회평론아카데미. 330
14) MILNER LIBRARY(2023.05.11.). Determine Credibility(Evaluating). guides.library.illinoisstate.edu/evaluating/craap
15) 에릭 M.프랜시스. 이거 좋은 질문이야!. 서울 : 사회평론아카데미. 193
16) 낸시 프레이 외. 2021. 피드백, 이렇게 한다. 서울 : 교육을바꾸는사람들. 104
17) 이성일. 2021. 메타인지 수업. 서울 : 경향BP. 194.
18) 구본희. 2020. 보니샘과 함께하는 자신만만 프로젝트 수업 10. 서울 : 우리학교. 356.

19) 토니 부잔. 2008. 생각의 지도 위에서 길을 찾다. 서울 : 중앙books. 33.
20) 권정민. 2022. 최고의 블렌디드 러닝. 서울 : 사회평론아카데미. 153
21) 정철. 2020. 사전 보는 법. 경기 : 유유. 88
22) 권정민. 2022. 최고의 블렌디드 러닝. 서울 : 사회평론아카데미. 219
23) 댄 로스스타인. 2017. 한 가지만 바꾸기. 서울 : 사회평론아카데미. 188
24) 구본희. 2021. 보니샘과 함께하는 블렌디드 수업과 평가. 서울 : 우리학교. 273
25) 정철. 2016. 검색, 사전을 삼키다. 경기 : 사계절. 244
26) 황왕용 외. 2019. 급식체 사전. 서울 : 학교도서관저널
27) 사사키 겐이치. 2019. 새로운 단어를 찾습니다. 서울 : 뮤진트리
28) 정철. 2020. 사전 보는 법. 경기 : 유유. 70
29) 김주환 외. 2018. 한 학기 한 권 읽기 어떻게 할까?. 서울 : 북멘토. 261
30) 권정민. 2022. 최고의 블렌디드 러닝. 서울 : 사회평론아카데미. 164